Retrato de un inmigrante en USA

Douglas, William
    Retrato de un inmigrante en USA / William Douglas. 1st ed. Ciudad
Autónoma de Buenos Aires: Deauno.com, 2018.
    100 p.; 21 x 15 cm.

    ISBN 978-987-680-146-1

    1. Ensayo Sociológico. 2. Contexto Jurídico. I. Título.

    CDD 301

contacto@elaleph.com
http://www.elaleph.com

Para comunicarse con el autor: williamdouglasusa@gmail.com

Primera edición

ISBN 978-987-680-146-1

Hecho el depósito que marca la Ley 11.723

Impreso en el mes de mayo de 2018 en
Talleres Gráficos Dicodi S.R.L.
Carlos Tejedor 2815, Munro,
Provincia de Buenos Aires,
República Argentina

WILLIAM DOUGLAS

RETRATO DE UN INMIGRANTE EN USA

deauno.com

A todas aquellas personas que han sido, están y serán perseguidas por la violencia, victimizadas por sus miedos, sus creencias y por la inoperancia prejuiciosa de la ley humana.

PRÓLOGO

Gracias a mi trabajo diario, debo atender innumerables solicitudes de asilo político y refugio, no sólo para los Estados Unidos, sino también para otros países como Canadá, algunos en la comunidad europea y otros en Centro y Suramérica. La única realidad es que día a día cientos de personas llegan exiliadas huyendo de la violencia de sus países, por sus creencias, opiniones, partido político, religión, color de piel, estilo de vida, género o sencillamente por pensar en forma aparentemente diferente.

Muchas de estas personas deciden iniciar una nueva vida en otro país, tratando de darle a su familia y a ellos mismos un futuro mejor del que tenían en sus países de origen, pero, sobre todo, tener la oportunidad de continuar vivos, alejados de la violencia que busca callarlos en forma definitiva si decidieran regresar.

No obstante, no todas las personas que buscan el sueño americano tienen la misma suerte. La gran mayoría no tienen acceso a recursos o información jurídica que les permita conocer sus derechos mínimos para poder aplicar a un estatus legal diferente en virtud de la persecución de sus países, arrastrándolos a las sombras de la indocumentación, además de estar completamente victimizados por un sistema complejo, prejuicioso y limitado para los inmigrantes.

Mariela Reyes representa un caso ejemplar que muestra la historia de una mujer líder de principio a fin, llena de tenacidad y ganas de salir adelante, trabajadora y honesta, amante de su familia, con miles de sueños y metas. Ella siempre pensaba en ayudar a los demás antes que ella misma, pero gracias a la crueldad infinita y devastadora de la violencia en Colombia, solo consiguió ser victimizada, abusada, torturada, perseguida y estigmatizada sin ningún tipo de piedad.

Su vida fue documentada por un familiar amenazado quien, por razones de seguridad, solicitó que se obviaran algunos detalles íntimos y nombres reales que pudiesen poner en peligro su vida. Gracias a ella, es posible contar hoy la historia de Mariela Reyes, con la cual espero honrar su labor como ser humano, madre de familia, esposa y líder comunitaria.

El caso de Mariela Reyes

I. La historia de Mariela Reyes

Aunque en ninguna parte sea mencionado, y antes de comenzar con la historia de *Mariela Reyes*, sin lugar a duda fue, es y será una luchadora única y, sobre todo, un alma errante que se presentó ante el mundo como una verdadera mujer llena de sueños y como una líder comunitaria de talento excepcional. Su extensa obra con comunidades vulnerables en diferentes partes del país fue un modelo para muchos e indudablemente siempre será un ejemplo para la eternidad.

II. Su infancia y adolescencia

Mariela nació en un pequeño pueblo del departamento de Antioquia entre las cordilleras Central y Occidental de los Andes colombianos el *1º de mayo de 1972*. Curiosamente, este día es importante para Colombia, ya que se celebra el Día del Trabajador en honor a todos los hombres y mujeres que, con su labor diaria, buscan un mejor futuro, haciendo crecer a la sociedad.

Aunque toda Colombia, sin exceptuar ninguna región, tiene parajes espectaculares, comidas grandiosas y personas invaluables para los cuales se necesitaría una enciclopedia completa para describir, el hogar donde creció Mariela se caracterizó por tener unos padres simpáticos, alegres, entradores, sinceros, habladores, recursivos, trabajadores, madrugadores y, en general, muy antioqueños.

Mariela desarrolló su niñez y adolescencia entre bolsas de arepas de marca casera, ollas tiznadas con olor a sancocho de leña, frijoles en la nevera para cuando se necesitaran, trovas, coplas, tiples, guitarras, trajes domingueros y, sobre todo, mucho amor.

Más allá del hecho de que la palabra *verraquera* sea escrita con *v* o *b*, según el Nuevo Diccionario de Americanismos (tomo I - Colombianismos), y que incluso, no aparezca con una definición propia y realista dentro de un diccionario nacional, lo cierto es que este término típicamente colombiano fue inyectado por sus padres, quienes tenían la llamada *verraquera paisa*.

Los padres de Mariela siempre hicieron honor a como se les conocía en el argot popular: *campesinos*. Personas que, con capacidad de trabajo, independencia y honradez, laboraban día a día en la tierra, viajando diariamente a lomo de mula durante casi 14 kilómetros para sostener sus familias y mejorar siempre sus condiciones de vida.

III. SU INDEPENDENCIA

La frase "los hijos son prestados y no nos pertenecen" la escucharemos por siempre, y obedece, sin lugar, a dudas a que algún día ellos abandonarán nuestra casa para formar sus propias vidas, cumplir sus sueños y elegir su propio camino.

En la mayoría de los casos, como padres experimentamos el amor con nuestros hijos, el cual no tiene medida. Es un amor puro, incondicional, trasparente y abnegado, sin restricciones ni horarios, incluso, se lo entregamos antes de nacer.

Este fue el mismo caso para Mariela. Fue una persona amada y respetada por sus padres. Desde muy pequeña le enseñaron a ser independiente y a colaborar con las tareas del hogar, con respeto, valores, principios y humildad hacia los demás.

Al cumplir *6.574 días* de vivir con sus padres y alcanzar la mayoría de edad, Mariela ya se sentía lo suficientemente madura para pensar en dejar su hogar paterno para tener uno propio. Ella sabía que tenía que mantenerse con sus recursos y eso implicaba que debería funcionar en forma independiente. Mariela ya tenía las herramientas suficientes, gracias a sus vivencias personales y enseñanzas familiares, para brillar por sí misma lejos del seno de su familia.

IV. El problema social

Es completamente paradójico que, mientras muchos colombianos viven día a día con algunas comodidades que les permiten tener una mejor calidad de vida, existan en otras partes del país campesinos sufriendo condiciones infrahumanas y totalmente diferentes que hacen su vida más miserable y sombría.

Lo cierto es que no es necesario desplazarse hasta una finca para detectar la crisis del sector agropecuario. Se ve en las calles de las ciudades e incluso en los pueblos. Los problemas del agro vienen en un kilo de plátano, papa, arroz y hasta en el cilantro que se comercializa en los supermercados y en las tiendas de barrio. Cualquier producto de la pequeña agricultura es un espejo de lo que le sucede al campo colombiano.

Cada año aumenta más la brecha social entre campo y ciudad. Según cifras del DANE, para el 2012, la pobreza en el sector rural era del 46,8%, frente al 28,4% del área urbana. Además, el 84,9% de la población campesina registraba bajo logro educativo y el analfabetismo era del 26,3%, sumado a una tasa de informalidad laboral del 93%.

La situación es tan compleja que pareciera que la crisis rural se asemejara a un cultivo permanente. Lleva décadas presente como si no hubiera espacio para pasar a otro capítulo de la historia (Tovar, 2013).

V. La violencia en Colombia

Este término ha sido repetido innumerables veces por cada uno de los habitantes de Colombia durante años y sus orígenes se remontan históricamente a la época de la Conquista.

Sin embargo, el período histórico de la Violencia en Colombia surgió como un conflicto bipartidista entre liberales y conservadores en el siglo XX con el retiro de Alfonso López Pumarejo en 1946, quien era presidente para aquel entonces, sumado, por supuesto, a la presión del partido y a la corrupción política que es uno de los lastres más grandes y eternos que ha tenido la sociedad colombiana.

Grandes líderes con una u otra posición política vinieron con posterioridad como Alberto Lleras, el general Gustavo Rojas y, por supuesto, Jorge Eliecer Gaitán, quien fuese asesinado cuando en la ciudad se celebraba la IX Conferencia Panamericana en la que nació a la Organización de los Estados Americanos (OEA).

Guerras civiles no declaradas, gobiernos de coalición censurados, corrupción en todos los niveles entre 1949 y 1951 trajeron grupos armados irregulares ligados al Partido Comunista. Gracias a esto, el caos, la violencia excesiva, los abusos, torturas entre otros fueron el abrebocas de la pérdida de poder de las fuerzas militares y de policía nacional en el país.

La dictadura de 1953 con su gran golpe de opinión, seguida del frente nacional con su aparente coalición de 1958, trajo como corolario predecible el descontento inmediato de los campesinos, que habían visto defraudadas sus esperanzas, el cual fue asumido en parte por los denominados "Bandoleros". Además, surgieron proyectos políticos revolucionarios emergentes que empezaron a proliferar basándose en la experiencia cubana (Lasantha, 2015).

Repúblicas independientes y el bandolerismo no se hicieron esperar. Los saqueos, los homicidios a sangre fría y con lista en mano, la crueldad en las zonas campesinas y las violaciones flagrantes a los derechos humanos fueron el abrebocas perfecto para la creación de otros grupos de insurrección.

Infortunadamente las cosas empeoraron. En 1964, cuando las Fuerzas Militares lanzan una feroz ofensiva sobre los movimientos de autodefensa, el sector comunista decidió formar las FARC. Su líder, Tirofijo, llevó el movimiento a las montañas selváticas de Colombia, para tener una mejor defensa.

Bajo las ideas marxistas leninistas, comienzan a crecer lentamente en los años '60 y '70. En los '80 viven una fuerte expansión y pasan a dominar amplios sectores territoriales de Colombia. Se le considera el movimiento guerrillero más antiguo de Latinoamérica. Llegó a tener más de veinte mil integrantes, distribuidos militarmente en diversas unidades.

En los '90 se producen desviaciones en los principios ideológicos de las FARC. Comienzan los secuestros extorsivos de empresarios, políticos y militares. También se les acusó de cobrar dividendos a narcotraficantes que operaban en su territorio. Lo anterior, sumado a la violencia de sus atentados en centros urbanos, les hizo perder apoyo popular. En los últimos años las FARC fueron diezmadas por certeros golpes de las Fuerzas Militares que eliminaron a varios de sus jefes y numerosos combatientes (Clarín, 2016).

Al mismo tiempo, ya se estaban gestando y organizando fuertemente movimientos paramilitares, que involucraban militares, grupos económicos notables, representantes sociales y por supuesto agentes del Estado o tambien llamados "padres de la patria", que juntos, formaban un equipo perfecto de violencia para mantener nuestro país en un estado vulnerable y como siempre, manipulable en su máxima expresión.

Cabe anotar que el paramilitarismo es un fenómeno de violencia ejecutado por los integrantes de grupos al margen de la ley que han causado daño al país durante muchos años. Sus acciones se han reflejado en innumerables masacres, desapariciones forzadas, asesinatos, torturas y desplazamientos forzados sin precedentes.

Fue así como para los años 2004 y 2006 estos grupos se acogieron aparentemente en un verdadero proceso de desmovilización promovido por Álvaro Uribe Vélez, quien, aunque en aquel momento logró el cese de algunas actividades criminales de estos grupos, ganando la confianza del pueblo colombiano, más adelante solo sería el génesis de nuevos grupos criminales y el fortalecimiento y disidencia de otros que traerían más violencia a Colombia.

Las desmovilizaciones de las autodefensas se iniciaron el 25 de noviembre de 2003 en Medellín con el bloque

Cacique Nutibara y terminaron el 15 de agosto de 2006 con el bloque Elmer Cárdenas. En treinta y ocho actos se desmovilizaron 31.671, todos integrantes de los grupos irregulares. Las organizaciones con mayor número de desmovilizados fueron el bloque Central Bolívar con 6.348, el bloque Norte con 4.760, el bloque Mineros con 2.780, el bloque Héroes de Granada con 2.033 y el bloque Elmer Cárdenas con 1.538 (OEA, 2007).

El poder *narcotráfico-político* en todos los niveles, sumado a la ausencia de las autoridades legítimamente constituidas, son cómplices perfectos y factores determinantes del paramilitarismo. A pesar de haberse producido hace más de una década la mal llamada "desmovilización" y sus buenas intenciones, aún se encuentran conformados y activos grupos paramilitares, inclusive más peligrosos, que implican consecuencias nefastas para el país en el orden económico, político y social.

VI. SU VIDA COMO INDEPENDIENTE Y SU PRIMER CONTACTO CON LA VIOLENCIA

Al abandonar su casa y con muchas ganas de salir adelante, Mariela se dedicó a trabajar en lo que le habían enseñado sus padres desde mediados de 1990 y hasta finales de 1997, en el corregimiento El Aro: las labores del campo. Las actividades como cosechar, sembrar, cavar, regar, conducir maquinaria agrícola, cuidar de los animales, planificar cosechas y recoger, la hacían sentir muy orgullosa de su trabajo y del legado de sus padres.

Desafortunadamente, su trabajo se vio afectado por un suceso que cambiaría su vida: la Masacre de El Aro, en el corregimiento El Aro, Ituango (Antioquia), perpetrado *el 26 de octubre de 1997*. Este corregimiento está ubicado en el Nudo de Paramillo, un área estratégica que tenía una fuerte presencia guerrillera.

Esta masacre fue cometida según fuentes militares por Carlos Castaño y Salvatore Mancuso jefe de las cooperativas armadas "Convivir" en Antioquia, quien comandaba un grupo de ciento cincuenta paramilitares, el cual ingresó al corregimiento y asesinó a sangre fría y con lista en mano diecisiete personas, quemó más de cuarenta viviendas, robó todo el ganado posible y desplazó a más de setecientos campesinos, entre las cuales, por fortuna, se encontraba Mariela, quien logró escapar, ya que, de lo contrario, habría sido una víctima más.

Es importante resaltar que la Fuerza Pública llegó solo quince días después de la masacre. Gustavo Giraldo Giraldo, ex-Alcalde de Yarumal aseguró en el Tribunal Superior de Medellín que *"ninguna ayuda se les prestó a los pobladores mientras se perpetraba ésta, a pesar de que duró 10 días y desde el domingo 26 de octubre se tuvieron las primeras informaciones de lo que estaba sucediendo, las cuales se transmitieron a la Gobernación de Antioquia, entonces a cargo del expresidente Álvaro Uribe Vélez, a la base militar de Santa Rita y al Batallón Girardot, que estaba bajo el mando del coronel Germán Morantes"*.

Para quienes aguantaron el tormento que ocasionaron los paramilitares esa semana era claro que la Fuerza Pública sabía lo que estaban haciendo las autodefensas e, incluso, hubo complicidad, ya que cuando los hombres se estaban quedando sin provisiones, un helicóptero artillado de los que utilizan las Fuerzas Militares aterrizó en El Aro, les suministró municiones y recogió a uno de ellos herido (Monsalve, 2017).

Cabe anotar que, aunque el gobierno nacional ha intentado reparar hoy en día a las víctimas, mediante procesos engorrosos, estigmatizantes y dañinos, nunca serán suficientes para explicar el porqué de la ausencia y del retraso de la Fuerza Pública en esta masacre que, según cuentan muchos pobladores, "ya estaba avisada".

VII. Su matrimonio

Meses después de esa barbarie que presenció Mariela, la vida le trajo algo muy bueno, y fue así como el *11 de enero de 1998*, conoció el amor de su vida: Jesús Darío Acevedo.

Darío era un hombre corriente en el buen sentido de la palabra, 4 años mayor que ella, trabajador, honesto, de una familia conservadora, echado para adelante, quien nunca se escondía en las esquinas ante el amor, ya que siempre miraba a los ojos y no le tenía temor a nada, salvo a que perdiera su equipo preferido de futbol o se le dañara su equipo de sonido.

Se conocieron en una finca en el nordeste de Antioquia y desde ese día su vida cambio, ya que conoció el amor. Su noviazgo tomó un año, cinco meses y cinco días, término bastante duradero, teniendo en cuenta que hoy en día los noviazgos "son plásticos", ya que se llevan a través de las redes sociales y el amor es visto como una aplicación descargable y no como un sentimiento.

El *16 de junio de 1999*, Mariela y Jesús Darío se casaron en una iglesia local, acompañados de amigos y familiares, quienes creían en la hermosa pareja y en sus ganas de salir adelante.

Ellos estaban convencidos de que llegar a la felicidad no era lo más importante, puesto que la felicidad por sí misma no es una meta, sino un camino. Muchas personas tratan toda su vida de ser felices, pero nunca se dan cuenta que la felicidad no es el final de absolutamente nada; la felicidad va y viene todo el tiempo. Ellos entendían perfectamente que los momentos de felicidad vendrían y los de dolor también. Tan solo deseaban ser una dupla emprendedora, trabajadora, pujante, amando su matrimonio, su familia, su trabajo y cultivando su fe.

VIII. EL HEREDERO

Con un peso de ocho libras con treinta y cinco gramos, la felicidad no se hizo esperar y llegó una fecha muy anhelada para la pareja. El *27 de junio de 2004*, nació Ismael. Mariela y Darío estaban felices. Su primer y único hijo, fruto de un amor verdadero de dos campesinos trabajadores, como muchos otros.

Ellos eran personas creyentes, algo muy propio de su cultura, y decidieron colocarle ese nombre por ser el santo de ese día y, además, porque significaba en hebreo (a los que Dios ha oído), lo cual trajo mucha felicidad a la pareja.

IX. Sus inicios como líder comunitaria

A pesar que después de la barbarie Mariela se había visto obligada a desplazarse forzada a otro municipio, donde conoció a su actual esposo, ella continuaba observando a diario las injusticias por parte de los grupos delincuenciales paramilitares en contra de los campesinos y de otros miembros vulnerables de la comunidad. Fue así como decidió tomar cartas en el asunto y de alguna forma ayudar, ya que no deseaba quedarse de brazos cruzados y repetir la experiencia vivida en la masacre donde murieron muchos amigos y parientes cercanos.

Desde el 12 de junio de 2010, a sus 38 años, Mariela trabajó en diferentes municipios cercanos a la ciudad de Medellín. Allí se desempeñaba como líder popular comunitaria, ayudando a cientos de personas reinsertadas por la violencia a reincorporarse a la vida civil y a tener un futuro mejor. Cabe anotar que el trabajo que realizó Mariela Reyes lo hizo con recursos propios, mas no los de la administración pública. Su trabajo lo hizo por convicción política, social y por el sufrimiento de cientos de familias campesinas que eran objeto de grupos paramilitares.

En virtud de su trabajo realizado, las amenazas no se hicieron esperar. Fue así como empezaron las amenazas por grupos paramilitares, aparentemente miembros del *Clan El Golfo*, presentes en la zona donde ella trabajaba.

RETRATO DE UN INMIGRANTE EN USA

X. El Clan El Golfo y la persecución de Mariela

El prontuario de este grupo, su poder y su alcance en materia militar, organizacional, política y económica no tiene límites. Investigaciones adelantadas por la Policía y la Dirección de Fiscalías contra la criminalidad organizada, sumadas a las denuncias de la comunidad, dan cuenta que esa estructura, también denominada Autodefensas Gaitanistas de Colombia (AGC), ha venido extendiendo sus redes en los últimos años, hasta conformar un sistema que le permite captar finanzas ilícitas y dominar corredores de movilidad entre la capital antioqueña y el resto del país.

Su eje de operaciones está en Antioquia, Córdoba y Chocó, pero hoy tiene injerencia en veintidós departamentos. Además, cuenta con células en Panamá, Venezuela y España, así como rutas de tráfico de cocaína con destino a Norteamérica, Europa, Asia y Oceanía, según la DEA y la Dirección Antinarcóticos (Matta, 2017).

Esta banda criminal amenazó a Mariela y a su familia en el departamento de Antioquia de diferentes formas y atentó contra su vida en un par de oportunidades. La tortura psicológica y las consecuencias en torno a lo que podría pasar con ella, su esposo e hijo serian realmente desgarradoras.

La vida de Mariela y su familia estuvo enmarcada dentro de desplazamientos forzados, zozobra y miedo en diferentes municipios para evitar ser alcanzada por el accionar de este grupo, y pese a que en varias oportunidades denunció y solicitó ayuda gubernamental, nunca la obtuvo.

XI. LA INOPERANCIA DE ALGUNAS
ENTIDADES COLOMBIANAS

No es un misterio que la justicia colombiana no actúa en forma diligente y proactiva frente a los derechos de las victimas que están padeciendo persecuciones reales y se encuentran amenazadas por los grupos al margen de la ley.

Cabe recordar que la ONU ha manifestado en varias oportunidades que la justicia colombiana ha sido inoperante, solicitando que se permita el acceso del país a la convención mundial contra la desaparición forzada. Si bien es cierto que existe una comisión parlamentaria para el control político y vigilancia de los organismos de seguridad del estado, esta no es suficiente.

Desde el 2010, el tema ha venido cobrando fuerza y, sorpresivamente, la ONU ha manifestado la necesidad de inclusión por parte del Congreso de una cláusula que permita a los "familiares de las victimas acudir ante los organismos de justicia internacional en Ginebra. Dentro de los argumentos esgrimidos, estan el hecho de que la justicia en Colombia ha sido lenta o no ha operado para atender las denuncias e investigaciones de personas desaparecidas durante el conflicto armado, o incluso en casos de desaparición forzada mediante un grupo especializado en el mismo país" (El Espectador, 2010, párr. 3).

En este sentido, resulta coherente la posición de Mayra Mestizo Sosa:

"Resulta de vital importancia, realizar un análisis estructural respecto de la responsabilidad internacional del Estado colombiano ante el sistema interamericano considerando, el

ámbito de aplicabilidad de los diferentes instrumentos norma-
tivos de carácter internacional, específicamente de la Conven-
ción Americana sobre Derechos Humanos, que ha sido, base
fundamental en la interpretación y aplicabilidad normativa,
en materia de derechos humanos para el sistema regional.

La cooperación internacional aporta un planteamiento
considerable en el desarrollo y evolución de los derechos
humanos como producto jurídico de la modernidad, en la re-
lación protección y garantía; que sugieren el fortalecimiento
de las dinámicas procesales, una aceleración de los procesos
de implementación a nivel nacional y un afianzamiento en
la observancia, interpretación y aplicación de los tratados"
(Soza, 2015, párr. 9).

Desafortunadamente, esto no se aplica en el estado
colombiano y menos para el caso de Mariela: una persona
con recursos limitados, defensora de los derechos humanos, amenazada por uno de los grupos delincuenciales
más poderosos del país que buscaban callarla por su ayuda
incondicional a personas más vulnerables que ella.

XII. La tragedia familiar

El *14 de marzo de 2013*, cerca al casco urbano de Buenaven-
tura, hombres armados, quienes se identificaron como
miembros de este grupo paramilitar, asesinaron a sangre
fría al esposo de Mariela, Jesús Darío, y a su pequeño
hijo Ismael de tan solo ocho años.

Mariela se encontraba en la ciudad de Bogotá en una
reunión con líderes sociales, mientras sucedía esta tragedia. La Policía Nacional le comunicó telefónicamente

que tanto su esposo como su hijo, fueron alcanzados por dos hombres en una moto, quienes, según testigos, les dejaron saber que los iban a matar por la actividad que ella realizaba. Aunque ellos rogaron por sus vidas, nunca hubo piedad por parte de estos narcoterroristas.

XIII. EL DUELO

Debido a lo sucedido, Mariela estuvo bastante enferma y sin poder moverse del sitio donde se encontraba en Bogotá. Después de la noticia, debido al inmenso dolor, padeció de una parálisis facial y tuvo complicaciones en sus piernas, lo cual no le permitía estar en pie. Teniendo en cuenta que la vida de Mariela aún peligraba, las autoridades le sugirieron no asistir al sepelio de su esposo e hijo.

Esos momentos que ella vivió enferma, pensando en el dolor que vivieron su hijo y su esposo, ambos personas inocentes que fueron alcanzadas por la maldad y crueldad de este grupo, fueron los más amargos que vivió en su vida, ya que eran lo único que ella tenía.

Durante su estadía en Bogotá, Mariela tenía, por fortuna, a su amiga Vanessa, quien cuido de ella por casi ocho meses hasta que, gracias a los tratamientos médicos, pudo superar la parálisis facial y la inmovilidad transitoria que había sufrido en sus piernas, ambos padecimientos causados por la conmoción emocional que sufrió en aquel entonces por la muerte de sus seres queridos.

XIV. Razones y expectativa para migrar

Indudablemente, las razones por las que las personas huyen de sus países, además de las lamentables condiciones económicas, generalmente, y para efectos del asilo político, son la amenaza incesante por grupos al margen de la ley, la inseguridad pública, las torturas, las persecuciones, las restricciones ideológicas y la vulneración repetitiva de derechos y libertades, entre otros.

El ser humano en nuestro país decide emigrar porque ve reducido sus espacios de trabajo o no puede emplearse en el área en la que se especializó. *"Entonces siente aburrirse del país de origen al no encontrar elementos para sobrevivir en este mundo. Esta molestia afecta su economía y a su familia. Este vacío existencial tiene la urgencia de ser llenado, y la única manera es buscando fuera de sus fronteras. Lo triste de esta decisión es que el país desperdicia a un profesional que podría ser una herramienta fundamental en la construcción del país"* (Diamantino, 2011, párr. 13).

Es lamentable que en todos los casos, los gobiernos de los países de origen de los migrantes no contribuyan de manera concreta para evitar este fenómeno masivo, al no proteger con medidas efectivas la vida e integridad de estas personas, generando asi zozobra, miedo e incertidumbre en su propia patria y teniendo que escapar o huir hacia los Estados Unidos y/o cualquier otra parte del mundo.

XV. EL VIAJE A LOS ESTADOS UNIDOS

Gracias a la enfermedad y la depresión de Mariela debido al miserable asesinato de su esposo e hijo, ella vivió, sin lugar a dudas, momentos muy dolorosos en su vida. En virtud al apoyo de su amiga, Mariela pudo sobrellevar este lamentable hecho, sacando siempre lo mejor de sí como ser humano y como mujer.

Vanessa le sugirió a Mariela que viajara a los Estados Unidos para alejarse de toda la situación que estaba viviendo, aunque fuese por un par de semanas. Cabe anotar que, en algún momento de su vida, Mariela había solicitado la visa americana con su esposo e hijo ahora fallecidos.

Mariela, bastante agradada con la idea, quería hacerlo, pero no tenía el dinero para soportar ese viaje. Por fortuna, Vanessa le ofreció regalarle el pasaje y algo de dinero para que Mariela pudiera viajar un tiempo al bello estado de Florida, dándole un respiro a su vida después de haber vivido esa gran tragedia personal y familiar.

Con muchas ganas de continuar con su vida y el mejor recuerdo de su esposo e hijo, Mariela viajo con destino a los estados Unidos *El 26 de diciembre de 2013*, alejándose, así, de la pesadilla vivida para hacer un alto en el camino y tratar de sobrellevar la situación.

XVI. EL INGRESO AL PAÍS

El perfil de un oficial de inmigración, quien tiene la obligación de vigilar e inspeccionar en las fronteras aeroportuarias a todas aquellas personas que ingresen a los Estados Unidos provenientes de todas partes del mundo, es a veces algo complicado de entender.

Algunas veces estos seres humanos con un rango federal y entrenamiento especifico en temas de inmigración suelen ser muy amigables, condescendientes, pueden bromear con las personas que ingresan o simplemente preguntar nada, limitándose solamente a sonreír y permitir el ingreso de los turistas, residentes permanentes y ciudadanos al país.

Cabe anotar que, por lo general, al turista con una categoría B1-B2, se le concede entre treinta a ciento ochenta días de estadía en el país, para que "haga turismo" tiempo que, aparentemente, es suficiente para gastar todos los ahorros que tiene generalmente una familia que va de turismo "real" a visitar Disney u otros lugares de interés general a lo largo y ancho del país.

Cuando Mariela llegó al país, desafortunadamente, no se encontró con uno de estos oficiales cariñosos o amigables. Por el contrario, fue indagada hasta la saciedad con preguntas como: ¿cuál es la razón de su visita?, ¿hacia dónde se dirige?, ¿quién la está esperando?, ¿cuál es la dirección del lugar donde se va a hospedar?, ¿cuánto dinero lleva? Mariela, asustada, contestó estas preguntas en el menor tiempo posible, pero no fue suficiente para el oficial de inmigración, quien le dijo "por favor acompáñeme".

Acto seguido, Mariela fue conducida a una habitación que está casi al frente de los puestos de inspección.

XVII. LA HABITACIÓN DE LA SEGUNDA INSPECCIÓN Y LA TORTURA

La función de los oficiales es decidir si permiten el ingreso al país de la persona que están inspeccionando. Para determinar si la persona es inadmisible o inelegible, o si pretende utilizar la visa con un propósito para el que no fue expedida, o si la persona está mintiendo o tiene documentación falsa, el oficial migratorio, quien pertenece a lo que se conoce como CBP, inspecciona todo en conjunto para tomar la decisión de admitir o no admitir. En el caso de no admitir, se envía a la persona a una segunda inspección.

En la habitación de la segunda inspección, el oficial, después de hacer todas las preguntas que considere necesarias, junto con otras personas pertenecientes a diferentes organismos del Estado, puede determinar varias situaciones:

Opción 1: ser regresado al país de donde viene, que en palabras más sencillas y, según mi criterio, voluntaria o no voluntariamente es una verdadera deportación.

Opción 2: ser arrestado, en el caso que la persona haya presentado documentación falsa, tenga alguna deuda pendiente con los Estados Unidos o tenga una orden emitida a través de una circular roja por la Interpol.

Opción 3: si después de una segunda inspección, luego de haber permanecido horas contestando preguntas, el oficial considera que "se equivocó" y que la persona o grupo familiar sometido a segunda inspección, no tiene ningún tipo de problema. En este caso, se le admite e ingresa al país sin ninguna clase de disculpa, por supuesto.

Esta última opción fue la situación de Mariela al llegar al país. El oficial la condujo a la habitación donde se encontraban varias personas llorando y rogando que no las deportaran.

En repetidas ocasiones, en esa habitación, el oficial le afirmaba a Mariela: *"usted viene a trabajar a este país, confiéselo"* y ella siempre contestaba la verdad, *"solo he venido de vacaciones".*

Aunque era la primera vez que ella viajaba a USA, nunca pensó que sería víctima de tanto irrespeto por parte de alguien, que fuera tildada de mentirosa, que fuera tachada de haber obtenido su visa por medios fraudulentos y, en general, que no fuera bienvenida al país.

El cansancio de Mariela durante tres horas y media que estuvo en esa habitación con un baño y una maquina tragamonedas para comprar snacks, acompañado de muchas personas llorando y rogando para no ser devueltas a Colombia, la hizo pensar que no había sido una buena idea el haber viajado a los Estados Unidos.

Fue abusada en su privacidad, ya que fue obligada a mostrar su teléfono celular, fueron leídos todos sus mensajes de texto, escuchados los de voz sin su consentimiento, fue obligada a ingresar a las cuentas de sus redes sociales y correo electrónico, dejando al descubierto su vida personal, con un trato incoherente, inhumano y desaforado por parte de los oficiales fronterizos.

Luego de cuatro horas, el oficial la abordó y le dijo *"le vamos a dar una oportunidad y la vamos a dejar entrar"*. Le pusieron un sello en su pasaporte y le permitieron el ingreso. Al salir de allí, Mariela, sin salir de su asombro, no paraba de llorar, ya que se había sentido totalmente irrespetada y tratada como una verdadera criminal. Además, no podía entender por qué hubo tanta amabilidad cuando se le dio su visa en Bogotá y por qué se le trató con tanta crueldad al ingresar a los Estados Unidos.

Para aquellas personas que piensan que, por el solo hecho de portar un visado, ya sea de turismo o de cualquier otra denominación, se puede entrar y salir sin ningún tipo de problema porque su visa fue expedida con una vigencia de diez años, es importante recalcar las siguientes aclaraciones.

La obtención de la visa se realiza gracias a que un oficial consular americano considera que la persona cumple con los requisitos generales para viajar a los Estados Unidos y, por eso, expide generalmente un visado por diez años o a veces menos.

Sin embargo, el hecho de tener la visa por 10 años es muy diferente al tiempo de estadía que el oficial de ingreso autorizará a cada persona en el puerto de entrada, que generalmente es de treinta a ciento ochenta días. Así las cosas, cada persona deberá *permanecer solo el tiempo de estadía* autorizado para cada ingreso.

Cabe destacar que la visa es una autorización condicionada que otorga un país, por lo que este documento puede ser cancelado, incluso en el primer ingreso por razones de política pública, seguridad nacional o porque sencillamente, a juicio de los oficiales, se consideró que la persona va a trabajar o va a realizar una actividad diferente al objeto de expedición de su visa.

En respuesta a los abusos sistemáticos, *"la CBP instituyó un sistema de quejas en línea (DHS TRIP). Las denuncias que se presentan a través del DHS TRIP dan lugar a una revisión del caso y a la emisión de un número de control de compensación (redress control number) que puede, o no, ayudar a asegurar la entrada sin preocupaciones en el futuro. Sin embargo, no mucha gente conoce la existencia del DHS TRIP y para el momento en el cual se presenta la queja, el daño ya está hecho. Además, no existe un proceso de apelación y el denunciante nunca sabe qué curso se le dio a su reclamo específico"* (Grossman, 2015, párr. 5).

XVIII. LA BIENVENIDA

Después de ingresar a los Estados Unidos y haber buscado su maleta por dos horas, Mariela fue recibida por Natalia Andrea. Ella era una amiga de muchos años atrás que ofreció desde Colombia, brindarle su casa en Orlando, Florida para que pasara allí unas vacaciones después de todo lo sucedido. Natalia era una mujer divorciada con un estatus de indocumentada, y una hija de doce años, las cuales habían llegado hace tres años, como muchos, con visa de turismo, pero para quedarse para siempre.

Natalia tenía dos trabajos. Uno de 6:00 a.m. a 2:30 p.m. de *housekeeping* o comúnmente conocido como tareas domésticas desarrolladas por empleados tales como mantenimiento, limpieza, cocina, etc., y otro trabajo en *nursing home care*, cuidando unos viejitos en un centro geriátrico de 7:30 a 11:30 p.m., situación que obligaba a Natalia a dejar a Mariela sola en la casa, viendo televisión o leyendo.

Los fines de semana salían a la playa, lugares muy bonitos cerca de Orlando y la ciudad de Tampa, Florida, pero debido a los costos de las entradas de los parques y a que Natalia y Mariela no eran muy amantes de la adrenalina, optaron por no ir a los mismos.

XIX. El retorno y las nuevas amenazas

Aunque Mariela tenía permiso para 180 días de estadía, al cabo de cuatro semanas desde su llegada al pais, su presupuesto y las atenciones de Natalia se estaban acabando. Por fortuna, Mariela tenía su pasaje de vuelta para Colombia el *23 de enero de 2014.*

Mariela había pasado un tiempo bastante valioso con Natalia, tratando de sobrellevar el dolor de la muerte de su esposo e hijo e, incluso, había pensado en mudarse de ciudad, al regresar a Colombia y, así, empezar de nuevo.

Sin embargo, las cosas no siempre salen como se esperan y Mariela recibió un email tan solo tres días antes de su regreso a su país de un líder comunitario, médico y amigo, Andrés Sánchez, que estuvo trabajando con ella durante mucho tiempo. En su mensaje, él le escribió *"Mariela, espero que te estés reponiendo de lo de tu esposo e hijo. Siento mucho ser portador de malas noticias, pero el día de ayer recibí una visita acá en mi casa de unas personas armadas que nunca había visto y que estaban preguntando por ti". Yo les dije que no sabía dónde estabas y ellos me dijeron que ellos sabían que tú estabas en Estados Unidos y que estaban esperando tu regreso"*

Mientras Mariela leía el correo, su miedo e impotencia aumentaban sin saber que hacer. Sudaba frío, tenía taquicardia, sentía nauseas, le dolía el estómago, tenía un dolor en su pecho inexplicable y sus manos estaban temblorosas. Todo esto se traducía en algo conocido por la raza humana como: *miedo*. Al final del correo, su amigo Andrés, quien siempre se caracterizó por su don de servicio, le escribió *"Mariela, por favor, no vuelvas, tengo mucho miedo por ti".*

Ella terminó de leer el correo y no sabía qué hacer. Se encontraba sola, en una casa ajena, en un país que no era el suyo, con una lengua que no entendía, sin dinero y llena de miedo y zozobra. Todo el temor que había tenido al salir de Colombia, el cual pensó que iba a irse una vez se tomara un receso en los Estados Unidos, fue revivido y aumentado en una proporción sin límites, después de haber leído el correo que su amigo le había enviado.

XX. EL MIEDO PROFUNDO

Después de la noticia entregada por su amigo, líder y médico, Mariela solo tenía un sentimiento en todo su ser: miedo absoluto. Algunos científicos suelen llamar al *miedo* como un sistema de alarma que nuestro cerebro activa cuando detecta una posible amenaza. Se trata de una respuesta útil y adaptativa que conlleva cambios en la fisiología, los pensamientos y el comportamiento, pero ¿dónde se origina el miedo?

En los últimos años, el estudio de las bases neurobiológicas del miedo se ha centrado en una región cerebral concreta: la amígdala, una pequeña estructura alojada en el seno del sistema límbico, nuestro "cerebro emocional". Esta área desempeña un papel clave en la búsqueda y detección de señales de peligro.

Se podría decir que trabaja de forma análoga a un detector de humo; permanece inactiva hasta que el más mínimo estímulo amenazante la pone en marcha. Si no tuviéramos amígdala, probablemente no sentiríamos miedo, como les sucede a las personas que sufren la enfermedad de Urbach-Wiethe, una patología genética poco frecuente que produce una calcificación lenta de la amígdala (Ávila, 2016).

Sin embargo, su miedo iba más allá de una simple amígdala, el miedo de Mariela era la combinación entre su trabajo, las masacres, la muerte de su esposo e hijo y su propio instinto de supervivencia.

En materia de psicología, la tanatofobia o necrofobia solo afecta al 2% de la población y se encarga de estudiar el miedo persistente y excesivo a la muerte propia o ajena. Aunque pareciese que Mariela tenía un miedo excesivo a morir, no era causado por una patología psicológica.

Lo que sí tenían en común esta patología y lo que ella sentía en su alma y su corazón era que ambas pudieron haberse adquirido por experiencias traumáticas o por observación. En el caso de Mariela ella había vivido por observación directa las atrocidades cometidas por estos grupos paramilitares y, en consecuencia, estaba totalmente traumatizada.

De igual forma, conocía perfectamente el *modus operandi* de estos grupos armados. Sabía que si volvía a Colombia moriría y no de la forma cálida, placentera y tranquila, como todos los seres humanos quisiéramos ir en ese viaje final, acompañados de nuestros familiares y amigos más cercanos, sin ningún tipo de dolor o enfermedad, sino de una forma violenta, lejana de la tranquilidad y la paz eterna.

XXI. La decisión

Al llegar Natalia a su casa, encontró a Mariela sentada y totalmente deshecha en un sofá atacada llorando. En una de sus manos Mariela tenía un pasaje de la aerolínea "economica de color amarillo" con el cual pretendía regresar a Colombia; y en la otra mano, tenía el email impreso que había recibido de su amigo.

Natalia no le hizo muchas preguntas, ya que conocía parte de su trágica historia. Tan solo la tomó de sus manos y le dijo *"cuenta conmigo amiga, yo te apoyo en cualquier decisión que tomes"*. Mariela no pudo aguantar más el llanto. Tenía un sinnúmero de sentimientos represados y literalmente no sabía qué hacer.

Después de casi cuarenta minutos, Mariela sabía que su única opción para estar viva y no correr con la misma suerte que tuvo su esposo e hijo era quedarse a vivir en los Estados Unidos. Fue así como el *23 de enero de 2014* en horas de la mañana, decidió no volver a Colombia e iniciar una nueva vida en el país.

XXII. Los malos consejos de una amiga

La primera realidad en ese momento para Mariela era que había salido de Colombia asustada y desesperada, sin ningún tipo de ayuda estatal colombiana. Gracias a que tenía un visado de turismo para los Estados Unidos, viajó para alejarse de esa situación, pero, debido a que las amenazas continuaban, decidió quedarse en USA.

Su segunda realidad era que, dada la situación vivida en su país, Mariela viajó con poco dinero, con poca ropa y, por supuesto, sin ningún tipo de evidencia que pudiera probar su persecución, más que su buena fe y lo que había vivido en Colombia.

Su tercera realidad era su amiga Natalia, quien le brindó su casa, la escuchó y la guío, aparentemente, de acuerdo con su experiencia en el país. Natalia estaba indocumentada en los Estados Unidos, con dos trabajos en los cuales la aceptaban sin "papeles". Como muchos otros, había llegado al país con una visa de turismo, ilusionada con el sueño americano, pero, después de haberse vencido su permiso de estadía de seis meses, había decidido quedarse para siempre con su hija.

Fue por su propia experiencia personal, en que Natalia, obrando de buena fe, le dijo a Mariela las siguientes palabras: *"Vea Mariela, yo le voy a ayudar a que entre a trabajar donde yo estoy, para que tenga ingresos que le permitan pagar una renta acá en mi casa y de esta forma nos colaboramos juntas"*.

Al escuchar eso, Mariela le preguntó a Natalia aquel día: *"¿yo puedo iniciar algún tipo de proceso por la persecución que tuve en Colombia y la muerte de mi esposo e hijo?"*, a lo que Natalia le contesto *"no mija, eso no es así. Yo he vivido algunos años acá y se cómo funcionan las cosas y nunca he tenido ningún problema. No se ponga a hacer esas cosas que la deportan. Acá lo único importante es trabajar y conseguir dinero. Si usted quiere estar bien, solo debe pensar en trabajar. Míreme a mí, tengo dos trabajos, tengo mis cositas y, pues, vivo mucho mejor de cómo vivía en Colombia, antes de venirme. Usted no se preocupe, que nadie la está echando, puede trabajar, acá hay dos alcobas, yo me acomodo con mi hija en una de ellas y le rento la otra a usted y así nos ayudamos ambas. ¿Qué le parece?"*

Mariela estaba dispuesta a empezar una nueva vida, pero tambien muy consciente del hecho de que seguiría los pasos de Natalia como indocumentada. Aceptó la oferta y estaba muy entusiasmada y feliz de poder iniciar una nueva vida, viva y alejada de ese mundo de violencia en Colombia, que había conocido.

Era claro para Natalia, que el valor de la renta de cuatrocientos cincuenta dólares mensuales que empezaría a pagar Mariela por la alcoba una vez empezara a trabajar, constituirían un ingreso adicional para aliviar de alguna forma los gastos y la carga de Natalia en su propia casa.

Es lamentable que existan en los Estados Unidos o en muchas partes del mundo personas que, más que ayudar o guiar a una persona recién llegada al país, busquen la mejor forma para ayudarse a sí mismos económica o personalmente. Incluso, muchas veces tan solo piensan que ese recién llegado o nuevo inmigrante debe pasar por el mismo proceso difícil por el que ellos pasaron al ingresar al nuevo país. Más allá de ser un acto de guía, esto constituye lo que muchos inmigrantes no dejan nunca atrás: el egoísmo que sienten las personas cuando a los demás les va mejor. Este es el verdadero y más despiadado cáncer sin cura alguna del nuevo milenio.

XXIII. Su nueva vida

Tan solo una semana después, Mariela y con la ayuda de su amiga Natalia, ya se encontraba trabajando en limpieza. Trabajaba en uno de los tantos hoteles en Orlando, Florida haciendo camas y servicios generales desde las 6:30 a.m. hasta las 7:00 p.m. Muchas veces, se les preguntaba a los empleados si querían "doblar el turno", y Mariela, por querer ganar un poco más y ahorrar, lo hacía.

Generalmente las empresas americanas son muy respetuosas de los horarios y del trato personal y laboral que debe tenerse hacia sus empleados, pero, infortunadamente, hay otras que no son totalmente americanas y que han sido formadas por inmigrantes de muchas culturas. Estas empresas "contratan" a otros inmigrantes que saben que se encuentran indocumentados y se aprovechan de ellos para pagarles menos, no darles beneficios y quitarles horas de trabajo. Además, los amenazan con el Departamento de Inmigración, logrando, así, la evasión de impuestos al tener "excelentes trabajadores fantasmas" que, curiosamente, no están en la nómina ni hacen parte del personal en los registros de las empresas.

Uno de los sueños de Mariela era comprar su vehículo, tener su propia casa y, en términos generales, tener una mejor calidad de vida en este nuevo país, situación que estaba logrando paso a paso.

Aunque el tema de su casa no era tan sencillo, ya que debía un par de años para poder acceder a su propia casa, lo cierto era que con las primeras semanas de trabajo pudo comprar ropa, sus cosas personales y su primer vehículo, un Kia Río 2006, con el cual estaba muy feliz.

Al llegar a la casa con el vehículo, Mariela se lo mostró a Natalia, la cual la felicitó y la instó a seguir adelante con sus sueños. Esa noche, ella pregunto a su amiga que necesitaba para poder mover el vehículo y hacer el papeleo "legal" necesario para no tener problemas con las autoridades.

Natalia le contesto: *"No te preocupes por eso. Lo importante es que tengas el título de propiedad a tu nombre. No te pongas a gastar en eso, yo te presto una placa que tengo ahí y listo. Eso es todo y si tienes licencia de Colombia, con esa puedes manejar sin problema alguno"*

Con los errados consejos de Natalia y la seguridad en sus palabras, Mariela no tenía duda alguna que eso era lo que tenía que hacer. Sin embargo, "su amiga" estaba totalmente errada. La placa en el estado de la Florida, como en el 99 % de los estados americanos, es totalmente personal. Por tanto, Mariela debía registrar su vehículo y comprarle una placa nueva, ya que manejar con una placa vencida y de otra persona no es legal y podría causarle eventualmente un perjuicio grave.

Adicionalmente, Mariela debía estudiar y aprobar el examen para tener su licencia de conducción del estado de Florida, ya que con la de Colombia sí podía manejar, pero por un tiempo limitado. Otro requisito indispensable era la expedición de un seguro emitido por una compañía de seguros reconocida que le permitiera movilizar su auto legalmente.

Cabe anotar que los malos consejos de Natalia obedecían a dos razones. La primera es que ella, cuando llegó a los Estados Unidos, había hecho lo mismo. Por tanto, consideró que era correcto y, consecuentemente, se lo sugirió a Mariela. La segunda razón va de la mano de la primera. Natalia tenía una gran suerte, ya que nunca había sido detenida por una patrulla de la policía y arrestada por manejar sin licencia y con una placa vencida.

Era un hecho. Mariela había ingresado oficialmente al laberinto aberrante y sin salida para algunos del mundo capitalista americano que muchos, engañados, lo llaman el sueño americano. Este laberinto logró que ella empezara a pensar diferente. Todo lo que ella hacia se centraba en el dinero, mas no en sus relaciones personales, creando asi preferencias dantescas y de una u otra forma promoviendo que como ser humano perdiera su sensibilidad ante los detalles, la sencillez y las cosas básicas de la vida. Mariela era, ahora, una fan total del dólar, quien ha sido, es y será un verdadero depredador del sistema comunitario, visto como un principio, un fin y un todo, y ahora el mejor amigo de Mariela.

Durante dos años y medio, pudo satisfacer, sin ningún tipo de problema y gracias a su esfuerzo y trabajo, todas sus necesidades. Pudo conocer muchos lugares. Le encantaba ir a la playa y a la iglesia cuando su trabajo se lo permitía. Cada sábado llamaba telefónicamente en la noche a su amiga en Colombia y le contaba todo lo que había sucedido durante la semana.

Además de Natalia y algunos compañeros del trabajo con los que compartía ocasionalmente, Mariela no tenía muchos amigos. Su intención final y su esperanza era volver a Colombia algún día con algo de dinero que le permitiera colocar un negocio y alejarse de ese grupo terrorista que la perseguía por el trabajo que había realizado.

Mariela de una u otra forma había alcanzado parte del "sueño americano". En su caso concreto, gracias a su propio esfuerzo y trabajo, había alcanzado metas económicas, placenteras y significativas mediante un ingreso mucho mayor del que pudo haber recibido en su país de origen.

Sin embargo, había olvidado algo muy importante: el proceso de legalización, por lo que permanecía indocumentada en el país. Llevaba viviendo en el país desde el

26 de diciembre de 2013, por lo que ya habían trascurrido 2 años, 7 meses, y 4 días; es decir, sus 180 días iniciales de permiso de estadía e, incluso, el año que ella tenía para poder iniciar un proceso de legalización como solicitante de asilo político ya habían pasado.

Cabe anotar que, durante todo este tiempo, Mariela pudo haberse "conseguido un gringuito" para casarse, otro consejo de Natalia, pero este nunca fue su deseo, ya que siempre estuvo enamorada de su esposo. Además, según ella, no estaba preparada para iniciar una nueva relación y menos con alguien que no hablara español.

XXIV. EL SUEÑO AMERICANO

El sueño americano es un ideal basado en que el gobierno debe proteger la oportunidad de cada persona de perseguir su propia idea sobre lo que felicidad es y representa.

La Declaración de Independencia protege este sueño americano: *"Sostenemos que estas verdades son evidentes por sí mismas, que todos los hombres son creados iguales, que están dotados por su Creador de ciertos derechos inalienables, que entre ellos están la Vida, la Libertad y la búsqueda de la Felicidad. Y la misma declaración agrega: "Para asegurar estos derechos, los gobiernos se instituyen entre los hombres, derivando sus justos poderes del consentimiento de los gobernados".*

La socióloga Rosenberg (1983) identificó cinco componentes del sueño americano que se han presentado en países de todo el mundo:

1. La creencia de que otras naciones deberían replicar el desarrollo de los Estados Unidos.

2. La Fe en una economía de libre mercado.

3. El apoyo a los acuerdos de libre comercio e inversión extranjera directa.

4. La promoción del libre flujo de información y cultura.

5. La aceptación de la protección gubernamental de la empresa privada.

Sin embargo, las cosas han cambiado. Esto ha hecho que el sueño americano que en principio era tener lo suficiente para vivir tranquilo y seguro, se haya convertido en un sueño de ascender en la escala de una sociedad que valora el ascenso y reconoce que las diferencias en el ingreso y la riqueza son permanentes o se pueden agravar.

De aquí que sueño americano signifique "estar arriba en una sociedad desigual", y no "estar satisfecho en una sociedad igualitaria". Esto explica por qué alguien como Donald Trump es admirado, especialmente por personas blancas con poca educación, para quienes él es un ejemplo que despierta esperanza y que se debe imitar.

Sin embargo, la globalización, la apertura económica y la desindustrialización de algunas regiones han impulsado cambios que han frustrado a grupos importantes que aspiraban o creían haber logrado el sueño americano.

Para estos grupos, principalmente blancos con poca educación, su sueño americano y la expectativa de lograrlo se han evaporado. Esto, a su vez, ha provocado un temor en muchos otros que se sienten inseguros en sus empleos y temen perder su estatus económico. Para todos estos, los inmigrantes son un chivo expiatorio ideal, ampliamente explotado por Trump. (Thoumi, 2018)

De igual forma, la desigualdad es uno de los factores que están afectando la caída del llamado sueño americano. Según estudios realizados por Chetty, Hendren, Jones y Porter a comienzos del 2018 en a través de *The Equality of Opportunity Project* denominado *Race and Economic Opportunity in the United States: An Intergenerational Perspective*, los investigadores identifican dos factores principales de la caída en el sueño americano:

"Primero, el crecimiento económico se ha desacelerado en las últimas décadas. Eso significa que el pastel económico está creciendo más lentamente de lo que solía hacerlo, lo que hace que sea más difícil para cada generación superar el anterior: hay menos ingresos nuevos para todos. En segundo lugar, la desigualdad de ingresos ha aumentado, lo que significa que un menor número de personas se está beneficiando de la generación de nuevos ingresos.

"Chetty y sus colegas estiman que la desigualdad es más del doble de importante que la desaceleración del crecimiento, que representa más del 70 por ciento de la disminución de la movilidad y que precisamente esta falta de movilidad económica es una de las causantes principales de la desaparición del verdadero sueño americano." (Chetty, 2018, p.12)

Ahora bien, independientemente si el sueño americano está desapareciendo o no, la realidad de todo esto es que el sueño americano perseguido por millones de personas que tienen una concepción distinta sobre lo que es "su sueño" debe estar representada, ante todo, en la actitud personal día a día, en las ganas de salir adelante, en el respeto a la ley de cada país y a la libertad ideológica de cada cual.

XXV. EL SUEÑO HISPANO Y
LA EXPECTATIVA PARA EMIGRAR

Ya tuvimos la oportunidad de hablar sobre la definición del sueño americano, pero ahora es importante entender por qué, al igual que Mariela, hay miles de personas de países hispanoparlantes que, por razones distintas, tratan de emigran, sobre todo a los Estados Unidos, buscando un futuro mejor para ellos y sus familias.

Hay muchas razones. Entre estas, alejarse de la violencia, como fue el caso de Mariela. Otras personas emigran porque no han tenido oportunidades laborales de ningún tipo. También porque han gastado mucho dinero estudiando carreras profesionales y deben trabajar en cosas distintas para poder subsistir. Otras, simplemente porque ya habían vivido la experiencia o por alardear sus ganancias en dólares. Finalmente, existe un grupo reducido de las personas quienes hablan mal de su país de origen, que nunca intentaron nada, mas que quejarse todo el tiempo y que obtuvieron su visa por pura y física "suerte de la vida".

Cualquiera que haya sido el motivo para emigrar, todos en común tenían metas y sueños. Muchos de ellos las han conseguido. Otros están cerca de lograrlo. Hay algunos que nunca las conseguirán, ya que, lo que empezó como un sueño, ahora está por convertirse en una verdadera pesadilla americana, como lo que sucederá con Mariela más adelante en nuestra historia.

Según mi criterio, el inmigrante que desea viajar y establecerse en los Estados Unidos tiene que vivir un proceso de siete situaciones complicadas que, aunque no son específicas para cada persona o grupo, sí son generales o enmarcan características comunes. Estas son:

Situación # 1 – El visado

Una de las situaciones más complejas es el tema del visado. Muchas personas van día a día a la Embajada de los Estados Unidos aplicando por una visa de no inmigrante (es decir que no es para establecerse) llamada visa de turismo B1 o B2 y hacen un sinnúmero de cosas incorrectas para poder alcanzar esta primera meta.

El formulario para la solicitud de la visa es muy preciso y muchas personas caen en el "engaño" de personas que no saben cómo llenar el formulario o incluso lo que deben y no deben contestar cuando están frente a un agente consular que otorga los visados. Así las cosas, los errores puestos en la información inicial y ratificados en la entrevista personal, son considerados "mentiras" para los oficiales, quienes, al notarlas, de inmediato saben que la persona pretende viajar a los Estados Unidos para quedarse y, por ende, niegan la visa.

A este tenor, la práctica de actividades mentirosas incluye: 1) inflar cuentas de ahorros con dinero de familiares y amigos para demostrar que se tienen millones cuando realmente se gana un salario mínimo; 2) solicitar traspasos de bienes muebles o inmuebles para demostrar que se es propietario cuando realmente no se es; 3) solicitar certificados laborales de la empresa de un amigo indicando que se es gerente y que se gana una suma exagerada desde hace mucho tiempo, cuando realmente se es independiente. Son todas estas situaciones y algunas más las que los oficiales ya conocen de memoria, ya que la regla de la experiencia les muestra que se les está mintiendo, siendo el único engañado el solicitante y no la embajada.

La información errada o las declaraciones incorrectas llamadas "mentirillas blancas" durante la entrevista en la primera solicitud, además de la negativa por parte de los funcionarios para expedir la visa, traerán como consecuencia logica que las veces siguientes donde la persona pretenda presentarse nuevamente, reciba la misma respuesta, porque las mentiras y errores han quedado grabados en el sistema. En este caso, lo único que hace el oficial en lo sucesivo, es encontrar las *contradicciones pasadas y presentes*, para poder seguir negando la visa en el futuro.

Situación # 2 - *Los fondos para el viaje*

Obteniendo la visa por primera vez o para aquellos que ya la tienen, viene un problema adicional: los fondos o recursos para el viaje, o comúnmente llamado "el plante" o "¿con qué vamos a empezar allá?"

Los gastos en los Estados Unidos no son sencillos y sí debe ser un tema de preocupación para los inmigrantes que desean radicarse en este país. Si bien es cierto que se gana en dólares, también se gasta en los mismos, por lo que resulta procedente entender que sí es posible ahorrar, incluso teniendo una mejor calidad de vida, pero siempre entendiendo cuánto se va a ganar y cuánto se va a gastar.

La consecución de dinero es un proceso victimizante. La presión de la familia, el querer viajar cuanto antes, sumado a la falta de oportunidades son el combo perfecto para abandonar el país cuanto antes. Sin embargo, la mejor opción es tener una base económica para poder hacerlo. Muchas de las personas que pretenden abandonar sus países no tienen dinero para viajar e instalarse en los Estados Unidos.

Es así como antes de hacerlo, adquieren en su lugar de origen préstamos en bancos locales que nunca van a pagar, préstamos personales a terceros, hipotecas, avances de tarjetas de crédito, cheques posfechados, venta de sus vehículos, muebles y enseres y, en general, cualquier otra fuente que pueda ayudarlos a conseguir los pasajes y un "plante" para poder empezar el sueño hispanoamericano.

Situación # 3 - Los gastos iniciales en los Estados Unidos y el querer mostrar

Una vez en el país, así como Mariela tuvo que hacerlo, las personas deben pensar en detalles no menos importantes como dónde van a vivir, cómo van a rentar, dónde van a estudiar sus hijos, cómo se van a movilizar, cómo van a sustentar sus gastos de comida e incluso hasta cómo se van a divertir.

Un error general es que muchas personas que desean venir a radicarse en este país traen muy buenos ahorros, pero los usan "malgastándolos" en cosas banales o sin importancia como los parques de Disney, comprar carros lujosos, ropa de marca o en general bienes y servicios que les permitan "mostrarse o aparentar".

Alguna vez alguien dijo: *"una limitación física te puede hacer la vida dura, pero un prejuicio te la hace imposible"*. En los Estados Unidos no es importante el *"mostrar o aparentar"* como puede suceder en otras culturas donde "el que más muestre es el que mas tiene" y donde los valores sociales y personales no están establecidos en forma correcta, dándole más prelación "al que más dinero, poder, carro o vestuario pueda tener, que a la persona valiosa que trabaja día a día para conseguir sus ideales en forma honesta y sin hacerle mal a nadie.

Iniciar una vida nueva implica cambiar ciertos aspectos no solo de lugar, sino también de forma de pensar. El hecho de empezar de "cero" en un país distinto implica que la persona esté dispuesta a cambiar por su familia, y por sí mismos. Así las cosas, resulta muy importante hacer un alto en el camino y analizar con papel en mano y en forma consciente y realista cuánto dinero necesitamos para el "plante" e iniciar un nuevo proyecto de vida. Seguramente, esta nueva vida nos traerá cosas positivas, pero para ello necesitamos colocar de nuestra parte y cambiar nuestra forma de pensar.

Situación # 4 - El cambio cultural y la fuerza hispana

"Somos hispanos; todo se vale". Esa frase la mencionó alguien en alguna oportunidad y muestra, por un lado, la fortaleza de la etnicidad hispana, pero, al mismo tiempo, que, por el hecho de ser latinos, todo lo que se haga es correcto y la cultura americana debe soportarlo, lo cual es totalmente errado.

Aunque el término *hispano* proviene de *Hispania* término acuñado por los romanos en el 197 a. C. para referirse a la Península Ibérica y el vocablo *latino,* en toda su extensión, incluye a todo lo relativo a la lengua latina y sus derivadas como el español. Para efectos de este libro, entenderemos todas aquellas personas hispanas o latinas a aquellas personas hispanoparlantes; es decir, las personas que hablan el castellano como lengua materna.

Unos de los grandes problemas que afrontan gran parte de las personas que provienen de los países de habla hispana es pensar y actuar en los Estados Unidos de la misma forma como lo hacían en sus países de origen. Lo cierto es que la falta de un acomodo cultural voluntario por parte del nuevo inmigrante va a traer grandes problemas, no solo en cuanto a la incorporación al sistema, sino también al interior de su familia y su vida personal a futuro.

"*Donde fueres, haz lo que vieres*" es una forma de ex-presar que al lugar donde vayas, debes hacer lo que otros hacen, por supuesto, en forma positiva. La expresión original proviene del latín "*Cum Romae fueritis, Romano vivite more"* (*"Cuando a Roma fueres, como romano vivie-res"*). En este sentido, el nuevo inmigrante, para evitar problemas, no debe jamás sobrepasar el derecho de los demás y mantener, en lo posible, el respeto a la ley y a los buenos principios.

La etnia hispana es tan fuerte que en Estados Unidos viven 54,1 millones de personas con raíces hispanas. Constituyen el 17% de la población, y para el año 2050 constituirán el 30%, cuando este país se convierta previsiblemente en la nación más grande de habla hispana en el mundo. Con un poder adquisitivo de 1,5 billones de dólares, constituyen comunidades de consumidores que cuentan con cuarenta y un millones de hablantes de castellano a nivel nativo y once millones con un nivel de proficiencia limitado.

Así pues, se trata del grupo de mayor crecimiento del país, representando el 78% de los nacimientos. No obstante, su poder en las urnas no corresponde con su importancia como consumidores en un país en el que más del 70% de la economía nacional depende del consumo, ya que solo pueden votar veinticinco millones de hispanos. Además, en los mandos de decisión política, solo el 8% de políticos en el Congreso son latinos (Retis, 2015).

Situación # 5 - La barrera idiomática

El inglés es una de las lenguas más habladas en todo el planeta tierra. Su manejo es esencial en los Estados Unidos. Si bien es cierto que el español es muy hablado en muchos lugares del país, ya que existe gran presencia de latinos, también es cierto que el idioma oficial es el inglés.

Es entendible que la frase *"no puedo estudiar y tra-bajar al mismo tiempo"* obedece a muchas personas que siempre buscan justificar su falta de interés, disciplina o cansancio por "intentar" adquirir las destrezas mínimas en el idioma, lo cual se traduce en conseguir un mejor trabajo, poder comunicarse en el colegio de sus hijos, ser atendidos en un restaurante, hacer una llamada de emergencia o simplemente para tener una mejor relación con otras personas que no hablan el español.

Por lo tanto, la barrera idiomática no es una cuestión de elección o preferencia, sino de necesidad que cualquier inmigrante debe tener en cuenta para poder incorporarse al sistema de una forma rápida. En este sentido, la inmersión lingüística ha demostrado ser la forma más eficaz y natural de aprendizaje.

Situación # 6 - El prejuicio y racismo contra el inmigrante

La amigabilidad y emocionalidad del latino, sus costumbres inclusivas, su forma de hablar, de exagerar, de contestar lo que no le están preguntando, de expresarse e, incluso, hasta de saludar con contacto físico incluyendo el beso, hacen parte de una cultura hermosa, pero que no es bien vista para todos en la cultura anglosajona.

En los Estados Unidos están a la orden del día las políticas racistas y retrogradas de "supremacía blanca", las políticas antiinmigrantes, los movimientos nacionalistas, las redadas sorpresa por parte de las agencias federales e, incluso, las muertes injustificadas de negros y latinos a manos de la policía americana.

Según informes de CNN en español, *"el número de grupos de odio en Estados Unidos aumentó un 4% entre 2016 y 2017, pasó de 917 a 954 en ese periodo de tiempo, según las conclusiones de un estudio elaborado por Southern Poverty Law Center (SPLC). Este año pasado fue la primera vez que se contabilizaron grupos de odio en los 50 estados, con 66 organizaciones de este tipo en Florida.*

"La SPLC, afincada en Alabama, es una organización que cuantifica los delitos de odio en Estados Unidos. En su último reporte, aseguró que los grupos de odio en el país han aumentado un 20% desde 2014. También observó que el mayor aumento se produjo en los grupos nacionalistas blancos: organizaciones neonazis, los cuales se incrementaron en un 22 por ciento" (CNN, 2018, párr. 1-2).

Es necesario que exista unidad familiar, saber dónde y qué hacen los hijos, el esposo, la esposa, qué tipo de amigos frecuentamos, conocer el sitio donde estudiamos y, en general, todo aquello que pueda llevarnos de una u otra forma a situaciones que envuelvan practicas prejuiciosas o racistas para tratar de sobrellevarlas de la mejor manera y no amplificar el problema.

Estas situaciones racistas no van a desaparecer a menos que hagamos respetar nuestros derechos de una forma coherente y justa, pero entendiendo siempre nuestros deberes.

Según el escritor Arboleya Cervera: *"El racismo y la xenofobia tienen su causa fundamental en la necesidad de los grupos dominantes de segmentar la sociedad y estimular diferencias que limiten las posibilidades de articulación política de las clases subalternas, algo particularmente funcional en*

Estados Unidos, debido a su extraordinaria heterogeneidad social.

No es, por tanto, solo fruto de la ignorancia, sino que constituye una ideología elaborada y diseminada por una sofisticada red de influencia cultural – medios de información, universidades, centros de investigación e instituciones religiosas, que la convierten en factor de cohesión y beneficios para determinados grupos sociales, particularmente para la clase media blanca, principal base política del sistema" (Arboleya, 2017, párr.16-17).

Situación # 7 - La falta de un proceso de legalización y el estar indocumentado

La incertidumbre de lo que va a pasar en materia de inmigración es una de las situaciones más complicadas e importantes para una persona que vive en los Estados Unidos. El "querer" legalizarse y estar documentado es algo que empieza a rondar la cabeza de todas aquellas personas que desean quedarse a vivir en este país.

Las razones son muy sencillas. El miedo constante, no querer hablar con nadie desconocido o evadir la policía son generadores directos de conductas de altos grados de estrés, paranoia, depresión, entre otros padecimientos. Además, preguntas como: ¿cuándo entraste al país?, ¿cómo te vas a legalizar?, ¿te vas a casar con alguien? o ¿has visto las noticias sobre deportaciones? son ejemplos de algunas de las preguntas que se hacen entre si las personas que no saben qué hacer al no estar legalizadas en el país. Asimismo, afirmaciones como "hay retenes de migración en todas partes", "debes tener cuidado, no puedes manejar", "es mejor que te cases con un gringo", "yo no quiero vivir ilegal en este país" son muy comunes entre los indocumentados hispanos en los Estados Unidos.

La legalización para un inmigrante debe ser el aspecto más importante en el cual debe pensar si su idea es emigrar a los Estados Unidos o a cualquier país del mundo. El vivir entre las sombras, manejar sin licencia, obtener documentos falsos y esconderse de las autoridades sin haber hecho nada malo, crea problemas serios no solo para la persona, sino para el grupo familiar tales como: ansiedad severa, incertidumbre, temor y aislamiento que pueden llevar a problemas psicológicos e incluso somatizaciones. Este último padecimiento es entendido, en forma general, como uno o varios síntomas físicos que producen dolor y malestar y que no pueden ser explicados médicamente a partir de una revisión física del cuerpo humano.

El caso de Mariela no era distinto a los demás. Ella había entrado al país por un puerto de entrada a los Estados Unidos legalmente, pero su permiso de estadía de seis meses, el cual es diferente a la vigencia total de su visado americano, ya había vencido.

Siempre buscó un futuro mejor y albergaba la posibilidad de regresar a Colombia algún día con algunos ahorros, habiendo aprendido el inglés y completamente segura que su vida no correría peligro alguno. Sin embargo, "no hay plazo que no se cumpla", y fue así como el período de los seis meses del permiso que le dieron cuando ingresó se vencieron sin que ella lo notara, ya que estaba dedicada a su trabajo por completo.

XXVI. EL TERMINO DE ESTADÍA Y SU DIFERENCIA CON LA VISA DE NO INMIGRANTE

Los Estados Unidos tienen una gama bastante variada de visados que permiten a cientos de personas presentarse a diario para poder viajar. Una de ellas y las más común es el visado de turismo o (B-2), la cual se considera una visa de no inmigrante. Esta solo puede ser usada con propósitos de turismo temporal o durante algún período de tiempo que no es permanente y, por tanto, no se puede vivir permanentemente en los Estados Unidos.

Ahora bien, una vez en los Estados Unidos, y antes de ser admitido un turista, un funcionario del gobierno revisará los documentos de inmigración como la visa, los pasajes de regreso o cualquier otro documento que él considere pertinente en el puerto de entrada a este país, como ya fue mencionado con anterioridad.

En la mayoría de los casos, el oficial de inmigración expedirá la forma I-94 o la I-94W que constituyen un registro de entrada y salida cuando la persona sea admitida al país. Los formularios I-94 o I-94W ahora también se generan online, y aunque muchas personas no lo saben, en estos se indican con claridad tres aspectos: el tipo de estatus de no inmigrante de la persona admitida, la fecha de ingreso al país y el período de tiempo durante el cual puede quedarse legalmente en los Estados Unidos de acuerdo con tal admisión.

La claridad conceptual es que la "I-94 o admisión al país" no tiene nada que ver con la visa de turismo o cualquier otra que haya sido concedida en el país de origen, la cual puede tener una vigencia de cinco o diez años. Por tanto, la visa es el derecho a ingresar al país, pero no garantiza que la persona vaya a entrar, ya que después de la revisión del oficial en forma positiva en el puerto de entrada, la I-94, determinará realmente el tiempo que la persona podrá quedarse, que generalmente esta entre una semana y ciento ochenta días como máximo.

XXVII. El proceso de asilo que Mariela nunca inicio

Hay una frase bastante cierta citada en muchas oportunidades y cuyos orígenes se remontan al Derecho Romano: *"Ignorantia juris non excusat o ignorantia legis neminem excusat"* que significa "la ignorancia de la ley no es excusa ni exonera de responsabilidad jurídica".

Es cierto que Mariela debía conocer todas las leyes migratorias en los Estados Unidos que le permitieran, antes del vencimiento de su estadía, iniciar un proceso de legalización tendiente a vivir fuera de las sombras y de los problemas como viven millones de personas en los Estados Unidos. También es cierto que los malos consejos, no solo de Natalia, sino también de muchas personas que creen saber, pero que en realidad no conocen con certeza el tema migratorio, la llevaron a dudar y a pensar que no estaba haciendo nada malo y que nada iba a pasar.

La realidad era totalmente diferente. La persecución pasada, presente y futura, sumado a todo lo que ella había presenciado en materia de violencia, el trabajo que había desempeñado y, por supuesto, el cruel asesinato a sangre fría de su esposo e hijo formaban en conjunto la evidencia suficiente para iniciar un proceso de asilo político en los Estados Unidos, dentro del año siguiente a su ingreso al país, situación que nunca hizo y que tendría consecuencias nefastas para su vida más adelante.

Sobre el asilo en forma general podemos manifestar que es un derecho inalienable que puede solicitar ante un país extranjero, cualquier persona de cualquier color, sexo, ideología, estrato social, raza o religión que tenga un temor o miedo fundado, pasado, presente y futuro de persecución por razón de su raza, genero, convicción social, ideología, nacionalidad, religión, opinión política o simplemente por pertenecer a un determinado grupo social.

El 2 de agosto de 2016, Mariela tenía en el país, para ese momento, dos años, siete meses y cuatro días sin haber iniciado ningún tipo de legalización, incluyendo la del asilo, y aunque ella "había escuchado sobre el tema en varias oportunidades", su único error fue no preocuparse por ella misma y haber hecho algo al respecto.

XXVIII. El accidente

El *2 de octubre de 2016*, era un domingo bastante lluvioso en la ciudad de Orlando, Florida. Era el día de descanso de Mariela. Natalia le había propuesto que fueran a la iglesia juntas y después se fueran a un restaurante colombiano a probar una deliciosa bandeja paisa que a ella le encantaba.

Sin embargo, después de salir de la ducha, Mariela recibió un mensaje de su jefe, a través de un chat de trabajo de WhatsApp, para que se presentara al trabajo, ya que dos empleadas estaban bastante enfermas y se había quedado sin personal. Ella pudo haber dicho que no, pero sus ganas de trabajar y ganar unos dólares extra pudieron más que la bandeja paisa y la cita con nuestro creador en la iglesia, quien por cierto "nunca le había fallado".

Al salir de casa, iba bastante apresurada, tomo la Interestatal 4 (abreviada I-4) con rumbo a la ciudad de Altamonte, Springs, una ciudad cercana a Orlando. Allí debía estar en menos de cuarenta y cinco minutos para hacer la limpieza de unas habitaciones de un hotel, lo que ella regularmente hacía.

Al llegar allí, y estando tan solo a quinientos metros de su destino, la luz o semáforo estaba a punto de cambiar, Mariela aceleró, creyendo que alcanzaría a cruzar en verde, pero no alcanzó a imaginarse que, al hacerlo, su vida cambiaría por completo nuevamente.

Había cruzado la luz en rojo. En el cruce de Pine Castle Drive con Morely Av., ese *2 de octubre de 2016*, a las 8:35 a.m., Mariela impactó un vehículo con cuatro pasajeros en su interior: una mujer con ocho meses de embarazo y dos niños, uno de diez años y una niña de tres, respectivamente.

Debido al impacto, la mujer embarazada, su bebé y el niño de diez años fallecieron en forma inmediata, mientras que la niña de tres años quedó mal herida y en estado de coma.

Después del impacto, Mariela perdió el conocimiento. Testigos del lugar manifestaron lo que había sucedido, lo cual fue corroborado posteriormente por las cámaras de seguridad instaladas en el 90 % de los semáforos de la ciudad.

Al llegar los paramédicos llevaron a Mariela y a la niña de tres años a una clínica cercana para ser atendidas. En el caso de las personas fallecidas, la policía inicio el proceso de levantamiento de cadáveres, lo cual conmovió a toda la ciudad.

XXIX. LAS CAUSAS

No es un misterio o novedad que muchas personas indocumentadas en los Estados Unidos conduzcan sin licencia de conducción, lo cual es un riesgo "bastante alto", ya que, generalmente, la policía, al encontrarse detrás de cada vehículo, revisan con el número de matrícula, de quién es, a quién pertenece, si tiene seguro vigente, dónde vive y hasta qué come.

Ese era el caso de Mariela, pero aún más grave. Ella era una conductora sin experiencia que manejaba sin una licencia de conducción estadounidense, sin seguro de vehículo y sin una placa vigente, ya que la placa que tenía el auto se la había prestado Natalia (correspondía a otro carro) y, además, estaba vencida.

El accidente y su desenlace fatal era una situación que la colocaría en un problema muy complicado del cual ella no podría salir. Es cierto que al ser "turista" podía conducir en el país con su licencia colombiana, pero era solamente por ciento ochenta días, tiempo que ya había vencido años atrás.

Al no tener licencia, tenía su primer problema, *"No Valid Driver's License" under Section 322.03"*, lo cual significa que podría enfrentar, además de su arresto, después de salir de la clínica, cargos criminales como un delito menor de segundo grado, con prisión de hasta sesenta días y quinientos (500) dólares de multa.

Por si fuera poco, y gracias a los incorrectos consejos de su amiga, nunca registro el vehículo como de su propiedad, es decir no tenía registro del vehículo, ni tampoco tenía una placa a su nombre, manejando con la de otra persona, además vencida. Esto representaba delitos adicionales dentro de la Sección 320.0609 (1) (a) de los estatutos del Estado de Florida, los cuales exigen que el registro, la placa y el certificado de registro sean expedidos a nombre del dueño del auto registrado y permanezcan a su nombre.

Además de lo anterior, y no menos importante, el Estado de Florida requiere que el propietario de un vehículo con placas válidas de este estado tenga una cobertura mínima; es decir, un seguro contra accidentes conocido también *seguro de no culpabilidad*, el cual ella tampoco tenía.

Al abrir sus ojos, desubicada, tres horas después del accidente y en un hospital de la zona, recordó todo lo que había sucedido y estaba consternada. Momentos después de despertar, con ayuda de un traductor, dos agentes de policía le solicitaron su licencia de conducción, el registro del automotor, le preguntaron por qué razón tenía una placa que no pertenecía a ese vehículo y por qué no tenía seguro.

Mariela se puso a llorar y no sabía qué decir. Dos horas después, por fortuna, fue dada de alta por el hospital. Posteriormente, le fueron leídos sus derechos y fue llevada a una estación de policía donde fue privada de su libertad por cuatro cargos diferentes.

XXX. LAS CONSECUENCIAS

Estando detenida, Mariela llamó a Natalia para contarle todo. Su amiga no salía de su asombro. Mariela le suplicó a su amiga que fuera a visitarla o le consiguiera un abogado para que la ayudara. Natalia solo le dijo a Mariela *"no me meta en problemas mijita"* y le colgó el teléfono. Natalia, la "única aliada" de Mariela, nunca hizo nada.

Dentro de las cuarenta y ocho horas siguientes a su estadía en la cárcel, Mariela vio al juez que tomó su caso. Durante una audiencia de hora y media, ella explicó en detalle al juez las razones que la habían llevado a llegar a este país, el haber manejado sin documentos, licencia, seguro y placa, lo mucho que sentía el trágico accidente y la muerte de esas tres personas.

En la sala, también se encontraban el esposo, ahora viudo, de la mujer que estaba embarazada y padre, al mismo tiempo, de sus dos hijos muertos, quien vivía su propia tragedia gracias a una persona irresponsable e indocumentada en el país.

Aunque la sentencia hubiese podido ser peor, el juez fue indulgente y Mariela fue condenada a *396 días de pri-*

sión, los cuales fueron impuestos después de aceptar los cargos, gracias a la intervención a tiempo de un abogado de oficio, y al no tener como pagar un *bail* o fianza, ella tuvo que purgarlos completos.

Es importante señalar que el juez que llevó este caso no era un juez de inmigración y Mariela solo fue condenada por sus actos de irresponsabilidad en materia de tránsito que llevaron al trágico accidente y al deceso de estas tres personas. En ningún momento fue censurada por su estatus de indocumentada en el país, sino por la responsabilidad del accidente de tránsito como tal.

Sin embargo, si bien es cierto que los condenados por un delito agravado eran prioridad nivel 1 para ser deportados en el último año fiscal en el que todavía gobernaba el presidente Obama, esta prioridad aumento notablemente en el gobierno del presidente Trump.

Asi las cosas, el haber sido condenado por un sólo crimen, aunque no sea agravado, también es causa de deportación. En general, puede decirse que hablamos de un crimen (felonía) cuando la sentencia máxima que pueda ser impuesta es superior a un año de prisión, aunque al condenado se le imponga una de menos tiempo. Por tanto, los condenados por una falta (*misdemeanor o crímenes menores*) pueden ser deportados. De hecho, en 2013 casi cien mil personas fueron deportadas por esta causa. En general, puede decirse que un *misdemeanor* es la acción cuya pena máxima no puede superar el año de prisión. Incluso, a veces, no hay cárcel; solo hay una sentencia para prestar un servicio comunitario o una multa.

Son ejemplos de *misdemeanors*, en concordancia con Rodríguez (2017):

a. Robo de un servicio o una propiedad de poco valor, en la mayoría de los estados, menos de quinientos (500) dólares, es lo que se conoce como *petty thief.*

b. Entrar sin permiso en la propiedad de otra persona.

c. Exhibición indecente

d. Desórdenes públicos

e. Mostrarse borracho en público

f. También pueden incluirse violaciones de tráfico, como, por ejemplo, manejar sin licencia, etcétera

XXXI. SU VIDA EN LA CÁRCEL

El 2 de octubre de 2016, Mariela ingresó a un penal para cumplir su pena, cerca al casco urbano de Miami, Florida. Para ella, su sueño americano se había tornado en una verdadera pesadilla americana. Estaba totalmente deshecha, no solamente por el hecho de estar privada de la libertad, sino también porque su conciencia no dejaba de recordarle la forma como había impactado ese vehículo, ocasionando la muerte a esas tres personas indefensas.

"La cárcel es un cementerio de hombres vivos". Esta frase hace parte de la letra de una canción de salsa muy conocida en Colombia, la cual Mariela estaba viviendo en carne propia.

Allí, en la cárcel, aunque bastante organizada por dentro, fue inicialmente perfilada para determinar su nivel de seguridad, y en virtud de que nunca había estado allí, siendo "su primera vez", le preguntaron "¿cuál es tu raza? y ¿con qué razas compartirías una celda?" Esto se realiza por protocolo carcelario para evitar conflictos innecesarios al interior del penal.

Mariela entendió rápidamente que no debía preguntar mucho, que debía observar, mas no criticar, que debía entender con claridad la vida allí, siguiendo y escuchando con atención las reglas de los guardias y de los prisioneros.

Ya no tenía su anhelada bandeja paisa, sino "platos americano-carcelarios" que comía sin saborear. Dado que ella estaba, por fortuna, en nivel 1 de seguridad, podía "disfrutar" de salidas constantes al patio e internet limitado en la biblioteca. Además, aunque tenía acceso supervisado al teléfono, la única persona a la que podía llamar, claramente, le había dado la espalda, algo muy común entre algunas personas que dicen ser "amigos" o "familiares", pero que no conocen en realidad su verdadero significado.

Mariela prontamente se dio cuenta que estaba en otro mundo dentro de un mundo llamado Estados Unidos. Allí, en la cárcel, todos habían sido juzgados. Muchos de ellos eran inocentes, ya que, según ellos, habían sido encarcelados por error. Otros estaban orgullosos de lo que habían hecho y algunos ni siquiera hablaban con nadie.

Así transcurrió su vida, dentro de una celda personal con dimensiones de 3,5 metros de profundidad, 2,5 de ancho y casi 3,5 de alto, con seres humanos que buscaban una segunda oportunidad en sus vidas y otros que nunca entendieron la lección. Con la carencia y la imposibilidad de escapar o de tan siquiera gritar, Mariela estuvo en compañía incesante de un sinnúmero de penetrantes olores a cigarrillo, metal, ladrillo, sudor y, sobre todo, a dolor que la acompañarían hasta su tan anhelada libertad.

XXXII. SU RETORNO A LA LIBERTAD
Y LAS FALSAS AMISTADES

"La libertad no es simplemente un privilegio que se otorga; es un hábito que ha de adquirirse".

DAVID LLOYD GEORGE, POLÍTICO BRITÁNICO

Frase mencionada cuando se desempeñaba como primer ministro británico (periodo de 1916 a 1922)

Trescientos noventa y seis días después, es decir el *2 de noviembre de 2017* a las 7:40 a.m., Mariela recuperó su libertad. Ella gozaba nuevamente del bien más preciado por cualquier ser humano y tenía una meta clara al salir de la cárcel: volver a Colombia. Sin embargo, según información de conocidos en su país de origen, el asesinato de diferentes líderes que trabajaron con ella había continuado y si volvía, correría una suerte similar.

Aferrada a la vida, y con el poco dinero que tenía en ese momento, tomó un taxi y volvió al apartamento de Natalia, aún con ilusiones y dispuesta a perdonar. Allí se encontró con que las guardas de la puerta de ingreso habían sido cambiadas. Ese jueves, como era temprano, Natalia aún no se había ido a trabajar. Mariela tocó el timbre y una persona desconocida le abrió la puerta. Se trataba de una nueva inquilina de nombre Laurent, a quien Natalia habría rentado la habitación tan solo un día después de que Mariela fuera encarcelada.

Natalia la hizo seguir y Mariela, aunque indignada, habría aprendido la lección. *"La cultura no pelea con nadie"*, algo que le había enseñado "Zulma," su compañera de celda. Natalia le pidió disculpas a Mariela mientras se tomaban un café insípido y servido de "mala gana". Ella, por su parte, le dijo que ella no podía volver a Colombia y que le permitiera continuar con la habitación, a lo que Natalia se negó, aduciendo que ya había otra persona allí.

Totalmente frustrada, preguntó a Natalia por sus cosas personales, las cuales tenía entre una caja llena de hongo y moho en un *storage* o bodega pequeña cerca de donde estaba la lavadora. Mariela tomo sus cosas y se dirigió a la puerta. Natalia en una forma descarada le preguntó *"¿a dónde vas? Tú no tienes a donde ir. Eres indocumentada y tienes antecedentes"* a lo que Mariela le contestó *"de corazón, gracias por todo. Feliz día y que Dios te bendiga"*.

XXXIII. UNA MANO AMIGA

Al salir de la casa de Natalia, Mariela no sabía que rumbo tomar. Se sentó en un andén del conjunto de apartamentos donde vivía su "ex amiga". Por fortuna y después de pensar, recordó que tenía todos sus ahorros en el banco y con su caja llena de cosas se dirigió allí.

En el banco donde ella tenía su cuenta, trabajaba una señora muy formal de nombre Anita. Ella habría llegado hace años desde Colombia y siempre habría trabajado en el área bancaria. Mariela siempre se caracterizaba por ser bastante jovial, entradora y con buen sentido del humor. Sin embargo, ese día llamo la atención de Anita el hecho de que Mariela iba con una caja llena de cosas y su aspecto no era el mejor de todos.

Al verla, Anita se sentó con ella y Mariela rompió en llanto. La señora Anita era una mujer buena. Cerró su oficina y escuchó su tragedia por casi cuarenta minutos. Fueron a almorzar juntas y así Mariela estuvo más calmada. Anita la ayudó a reactivar su cuenta corriente, volviendo asi algo de su sonrisa perdida al saber que por lo menos el dinero aún estaba ahí.

Además, Anita le dijo a Mariela: *"Yo tengo un primo que vive en Bogotá, Estado de New Jersey. Él tiene una bakery colombiana y siempre están necesitando personal"*. Mariela inmediatamente sonrió, pero, al mismo tiempo, le dijo preocupada: *"Yo no tengo papeles"*, a lo que Anita le dijo: *"Estoy segura de que Juan te puede ayudar. Él es oriundo del llano, y esas son personas buenas"*. Mariela reía de felicidad, pero al mismo tiempo llena de ansiedad.

Anita llamó a su primo Juan y le contó parte de lo sucedido con el altavoz puesto para que Mariela escuchara, dando excelentes referencias de ella a su primo, pese a que Anita ya había escuchado toda la historia y que había visto siempre a Mariela como una cliente, mas no como un ser humano.

Juan, al escuchar la petición de Anita, le dijo *"Prima, claro que sí y como dice el poema: 'es una ley del llanero, darle la mano al que llega. El que está adentro se atiende, el que está afuera, se apea, y con gran algarabía se le abre la talanquera como si fuera un hermano que de otras tierras viniera.'"*

Cuando Anita y Mariela escucharon las palabras de Juan, se abrazaron y lloraron juntas. Mariela agradeció a Anita ese gesto y entendió que para la amistad más que la cantidad es la calidad. La señora Anita llevo a Mariela hasta la estación de trenes Amtrak, y desde allí emprendió su viaje a Bogotá, Estado de New Jersey.

XXXIV. La panadería colombiana

Completamente feliz, con su ropa llena de moho y hongos, recién almorzada, Mariela viajó por tren, durante veinte horas y veinticinco minutos, ya que le temía mucho a los aviones, desde una estación en Orlando, Florida hasta la Penn Station de Nueva York.

Al llegar allí, casi al medio día del *3 de noviembre de 2017*, la esperaba Juan David, el primo llanero de la Señora Anita, para llevarla hasta la *Bakery*, una panadería colombiana, ubicada en una ciudad llamada Bogotá, en el condado de Bergen en el Estado de Nueva Jersey. Para

el 2010, esta pequeña ciudad y su condado tenía una población total de 352.388 habitantes de los cuales 145.281
eran hispanos (U.S Census Bureau, 2010).

A Mariela realmente le gustaba su trabajo. Vivía en
un apartamento pequeño rentado y compartido con José
Abelardo, Pedro Ignacio y la señora Obdulia, todos ellos
colombianos y personas de bien, quienes también traba-
jaban en la panadería, buscando, al igual que Mariela,
un mejor futuro para ellos y sus familias.

Al mismo tiempo, pero en otro lugar, desafortunadamente, había llegado al apartamento de Natalia, último
lugar conocido de residencia de Mariela, una citación de
la Corte. En esta ocasión por parte del departamento de
inmigración para presentarse el *22 de diciembre de 2017* a las
9 a.m. con su abogado en una corte de Orlando Florida.

Natalia, colocaba, según ella, toda la correspondencia
de Mariela, en una caja, esperando a que esta apareciera
de nuevo o llamara algún día. Mariela, por su parte, y
después de los desplantes de Natalia, nunca se le ocurrió
llamarle. Las razones saltaban a la vista después de todo
lo que había sucedido.

XXXV. La orden de deportación

La realidad legal de Mariela era que nunca tuvo conocimiento de la citación a la Corte, pero que fue recibida
por Natalia, la cual pensaba en que algún día Mariela
iba a regresar.

Era claro que Mariela nuevamente tenía un problema
y más grave que el anterior. La cárcel era un verdadero

"paseo por las nubes" en comparación con lo que estaba por suceder. El día y la hora llegaron. Se presentó ese día en la corte el juez y otros representantes del Departamento de Estado. Todos estaban allí menos la protagonista.

La audiencia comenzó. Después de dejar constancia de los cargos imputados a Mariela, y debido a que ella tenía un récord criminal, no tenía un estatus legal definido en los Estados Unidos y no había ninguna orden pendiente o solicitud de inmigración para detener su salida del país, el juez ordenó su deportación inmediata a Colombia. A estas razones se sumaron las presiones de los abogados de la familia víctimas del accidente, quienes si estaban presentes en la audiencia.

Mariela no tenía ni la menor idea de lo que estaba pasando en ese momento en esa corte. Por otra parte su "ex-amiga" Natalia tampoco sabía dónde estaba, así hubiera querido ayudarla de corazón. La realidad es que la presencia de Mariela en esa corte con o sin abogado, exponiendo las razones al juez del porqué no debía ser deportada, habrian podido detener su salida del pais, lo que desafortunadamente nunca sucedió.

Las consecuencias de no asistir a una comparecencia ante el Tribunal de Inmigración para ella fueron extremadamente graves y devastadoras. Además de la deportación, los términos para poder apelar ante un superior nunca se dieron, por lo que la orden era un hecho inaplazable.

La orden de deportación final fue entregada, después de cuarenta y seis días en forma automática al departamento ICE con fecha *22 de enero de 2018*.

"ICE es la rama investigativa del Departamento de Seguridad Nacional (DHS, por sus siglas en inglés) y la segunda en tamaño del gobierno federal. Esta fue creada en el 2003 mediante la fusión de las autoridades investigativas, policiales y de inmigración del antiguo Servicio de Aduanas de los Estados Unidos (US Customs Service) y el antiguo Servicio de Inmigración y Naturalización (Immigration and Naturalization Service). Por tanto, ICE se encarga de hacer cumplir las leyes federales que gobiernan el control fronterizo, aduanas, comercio e inmigración con fin de promover la seguridad nacional y pública.

"ICE ahora cuenta con más de 20,000 empleados en más de 400 oficinas en los Estados Unidos y en 48 países extranjeros. La agencia tiene un presupuesto anual de aproximadamente $6 billones de dólares, designados principalmente a dos directorados: la Oficina de Detención y Deportación (ERO, por sus siglas en inglés) y la Oficina de Investigaciones de Seguridad Nacional (HSI, por sus siglas en inglés). Dichas juntas son apoyadas por la Oficina de Gerencia y Administración (M&A, por sus siglas en inglés) y la Oficina del Asesor Legal Principal (OPLA, por sus siglas en inglés) para avanzar la misión de ICE.

"ICE tiene un departamento que se llama ERO, cuya misión es identificar, arrestar y remover a extranjeros que representan una amenaza a la seguridad nacional o un riesgo a la seguridad pública, así como aquellos que entran a Estados Unidos de manera ilegal o que de otra manera perjudican la integridad de nuestras leyes de inmigración y de control de fronteras. La Oficina de Detención y Deportación (ERO, por sus siglas en inglés) hace cumplir las leyes de inmigración de

los Estados Unidos en, dentro y fuera de nuestras fronteras mediante el cumplimiento eficiente de dichas leyes y operaciones de remoción.

"ERO hace cumplir las leyes de inmigración nacional de una manera justa y efectiva. La oficina identifica y arresta a extranjeros que deben ser removidos, detiene a dichas personas cuando es necesario y remueve de Estados Unidos a extranjeros cuya dicha deportación ha sido ordenada." (US Immigration and customs enforcement, 2018, párr.1-4).

El caso de Mariela nunca tuvo ningún tipo de apelación, reconsideración o tan siquiera un escrito solicitando "piedad por parte de la corte" para detener la deportación, venciendose así, cualquier término posible para haber hecho algo en su favor. Mariela nunca fue participe de esa decisión, y lo peor de todo es que aún no lo sabía.

XXXVI. La captura

Mariela llevaba una vida muy tranquila. No conducía, así que José Abelardo, Pedro Ignacio y la señora Obdulia, se iban todos juntos en una camioneta *Cherokee* modelo 1994 a su lugar de trabajo cada dia. En la tarde almorzaban en un lugar cercano o llevaban cada uno su comida para ahorrar algo más de dinero. Compartían cosas juntos haciendo sus vidas más felices.

Aunque Juan David, el dueño de la panadería, era muy amable y les decía a sus empleados que podían tomar o comer lo que gustaran durante las horas laborales, la realidad era que las harinas y los dulces no eran algo que le gustara a Mariela.

El *16 de febrero de 2018*, la panadería estaba a reventar. Como era fin de semana, todas las personas se estaban abasteciendo para llevar las delicias colombianas a sus hogares. Allí estaba nuestra Mariela, trabajando incansable. Después de todo lo que había vivido por una razón y por otra, era consciente de que para salir adelante había que luchar, y que antes de morir en el intento lo iba a entregar todo de sí misma para ser la mejor como persona y en su trabajo en la panadería.

A las 3:00 p.m., solicitó un permiso a su jefe para ir y volver hasta el banco que quedaba muy cerca al lugar de trabajo. Allí debía actualizar los datos con su nueva dirección y teléfono. Así lo hizo sin saber que lo que estaba haciendo era el principio de un tragico fin.

Pasaron tan solo cuatro días, cuando a las 5:30 am del *20 de febrero de 2018*, agentes del ICE, golpearon la puerta de la casa donde vivía Mariela. Obdulia que siempre se levantaba primero que todos, preguntó a la puerta *¿quién es?* Y ellos contestaron *"agentes del ICE"*. Obdulia, que estaba documentada, llamó a la policía, temiendo porque fueran ladrones. Al cabo de ocho minutos, ya estaba la policía y los agentes del ICE afuera.

Ellos preguntaban por Mariela Reyes, y aunque no estaban en la obligación de abrir la puerta, ella, llorando, los miro a todos y les dijo: *"Vienen por mí. No se preocupen. Si no abro es peor. Los quiero mucho"*. Mientras abría la puerta, los gritos desgarradores mezclados con dolor y llanto al unisono de Pedro Ignacio, José Abelardo y Obdulia no se hicieron esperar. Habían hecho una amistad muy bonita, pero nada podía detener a los agentes de inmigración.

Mariela fue esposada mientras le leían sus derechos. Ella, aunque visiblemente trastornada, estaba hecha de piedra. Su vida y todo el sufrimiento parecían uno solo. La policía local solo observaba. Incluso ellos no podían haber hecho nada así hubieran querido, ya que su jurisdicción era estatal no federal. Acto seguido fue llevada a un centro de deportación, habiendo sido capturada, al parecer, por el seguimiento que le hicieron al manejo de su cuenta bancaria, la cual estaba asociada con su nueva dirección.

XXXVII. Su segunda cárcel

Ya estaba familiarizada con la rutina de ingreso en este tipo de lugares. Y no porque fuera una criminal, sino una víctima tanto de la vida como de las circunstancias que la rodeaban. Mariela empezaba a perder la fe en todo lo que creía, y con justa razón, ya que la vida misma se había volcado hacia ella y no precisamente para nada positivo.

Estando allí, pudo llamar a sus amigos, quienes al otro día fueron a visitarla, junto con Juan David, el dueño de la panadería. Mariela los veía y no aguantaba el llanto, ya que habían sido sus indiscutibles y unicos amigos en ese pais. Era muy duro para ella todo lo que estaba pasando. Aunque ellos trataban de darle fuerzas para seguir adelante, ya el daño estaba hecho.

Un oficial de ICE fue asignado dos días después al caso de Mariela, quien fue bastante "amigable" en términos de explicarle el procedimiento de deportación y cómo iba a ser retornada a Colombia y que ya no se podía llegar a ningún tipo de "acuerdo" ni con el juez ni con nadie.

Sus opciones jurídicas habían terminado. El regreso a Colombia era inminente. Mariela estaba asustada, ya que si regresaba su suerte seria mucho peor de toda la pesadilla americana que había vivido. El miedo se habia apoderado de ella y fue así como solicitó la presencia de un abogado de oficio.

Aunque ya no había mucho que hacer. ICE aceptó que un abogado que hablaba español de los servicios luteranos la visitara para tratar de calmarla y ella explicó al abogado el porqué no debía regresar a Colombia, su patria de origen.

XXXVIII. Algunas formas de tortura

En la entrevista con el abogado, le explicó en detalle todo lo que había sucedido desde su trabajo en su tierra natal como defensora de los derechos humanos, amenazada por uno de los grupos delincuenciales más poderosos del país que buscaban callarla por su ayuda incondicional a personas más vulneradas que ella. Exhausta, ansiosa y muy nerviosa, le contaba al abogado todo lo que ellos podían hacerle si regresaba al país, entre esas le mencionó las veintiséis formas de tortura más conocidas:

"1. La bolsa de jabón. Amarrar las manos de la víctima con cabuyas, obligándolas a sentarse. Se le coloca una bolsa con detergente en la cabeza y el rostro, se cierra con fuerza dicha bolsa hasta bloquear las vías respiratorias.

2. La toalla mojada con sal para ganado. Atar las manos de las víctimas con esposas y obligarlas a sentarse mientras otra persona llena un balde con pizcas de sal para ganado. Luego se moja una toalla, se la colocan sobre ojos, nariz y boca y la aprietan hasta propiciarles asfixia, vómito y quemazón en las fosas nasales.

3. La soga al cuello. Amarrar las manos y el cuello de la víctima con una soga, obligándola a caminar largas distancias en esas condiciones y, posteriormente, colgarla de un árbol amarrada del cuello hasta que muera como consecuencia del ahorcamiento.

4. El submarino. Atar el cuerpo de la víctima a una silla, inclinarla hasta sumergirle la cabeza en un balde repleto de agua con sal, y de manera cíclica dejarla durante pocos minutos para luego sacarla y volverla a sumergir.

5. Golpiza en la boca. Atar las manos, y con puños o con la boquilla de un fusil, golpearlos reiterativamente en la boca hasta tumbarles la dentadura. Esta modalidad de castigo también pude tener una variante, en la cual la víctima es tirada al suelo y es destripada con motos de alto cilindraje que le pasan por encima.

6. Golpiza en la cara. Amarrar con cuerdas las manos y los pies de la víctima, tirarla al suelo boca arriba y desde un barranco dejarle caer piedras pesadas en la cara hasta desfigurarle el rostro.

7. Golpiza en las piernas. Golpear a la persona con palos en las piernas hasta fracturarla y luego azotarla en la cabeza hasta asesinarla.

8. Golpiza en los genitales. Amarrarle las manos a la víctima, desnudarla y comenzarle a dar patadas en los testículos hasta dejarlo afligido. Posteriormente, se le arrojan serpientes cascabel venenosas para picarla y rematarla. Se puede combinar también con golpiza en dedos y uñas: en la cual se atan a una silla y se les propinan golpes con un martillo en todas las uñas de los dedos de la mano hasta obligarlos a confesar la información requerida.

9. Golpiza en el pecho. Amarrar a la víctima a una silla y los golpean con objetos contundentes hasta fracturarles el tórax.

10. Golpiza en todo el cuerpo. Esta forma de tortura fue utilizada por integrantes del Bloque Norte en Remolino (Magdalena), en señal de venganza contra un ganadero que se rehusó a esconder un ganado hurtado por los paramilitares. La víctima fue amarrada a un árbol durante varios días, y golpeada en la cara, el pecho, los genitales y las piernas.

11. Mutilaciones en orejas. Amarrar a la víctima con las manos atrás a un árbol mientras le cercenan las orejas con arma cortopunzante antes de rematarlo con disparos.

12. Mutilaciones en órganos sexuales. La persona es atada, desnudada y, con arma corto punzante, mutilada en los senos y posteriormente la vagina.

13. Mutilaciones en la cabeza. Cortar con machete o cuchillas de acero la parte externa de la cabeza de la víctima hasta raparla o desprender pedazos del cuero cabelludo.

14. Desmembramiento. *Quienes eran tildados de ser guerrilleros sufrían esta forma de tortura la mayoría de las veces. Según los hallazgos de la justicia, las víctimas eran desmembradas vivas.*

15. Descargas eléctricas. *Se obliga a las víctimas a confesar o delatar su pertenencia a la guerrilla. Se atan a las víctimas, las sumergen en una bañera y les colocan en el cuerpo un cable dúplex que les transmite corriente eléctrica.*

16. Perturbación psíquica. *El encierro, el aislamiento, la privación del sueño, las humillaciones públicas y los trabajos forzosos son modalidades utilizadas en este tipo de tortura. Por lo general, estas técnicas tendieron a ser aplicadas en los mismos integrantes del grupo ilegal que infringían el régimen disciplinario. Allí, incluso, algunas veces son regadas con miel en el cuerpo para que los picaran insectos.*

17. Orina paramilitar. *Encerrar a sus víctimas durante días en un hueco cavado en la tierra, donde el cuerpo está enterrado, pero la cabeza y el cuello quedaban sobre la superficie. Allí los paramilitares los orinan.*

18. Privación del sueño. *En la provincia de Rionegro (Cundinamarca), el Águila castigaba a los patrulleros que se quedaban dormidos prestando guardia o que se emborrachaban durante horas laborales, amarrándolos de manos a un árbol o un poste, obligándolos a ingerir alcohol hasta que perdieran la consciencia y, bajo estas condiciones, los privaba del sueño durante largas horas o días.*

19. Quemaduras. *El uso de fuego, agua hirviendo o ácidos para quemar a las víctimas es parte del repertorio criminal de varios grupos paramilitares. Gran parte de los civiles quemados son señalados de pertenecer a bandas dedicadas al hurto. Por* lo general, son quemados con fuego en los dedos y la palma de la mano, o en glúteos y genitales. A las mujeres les echan agua hirviendo en las piernas y en la vagina.

20. Violencia sexual. Estos actos buscan marcar a las víctimas, además de causarles dolor. Acceso carnal violento, mutilación de órganos sexuales, prostitución o esclavitud sexual. También obligan a menores de edad (especialmente vírgenes) a sostener relaciones sexuales con ellos.

21. Torturas combinadas. No siempre los paramilitares adoptan una sola forma de provocar daño. En muchos casos, combinan la estrangulación, la mutilación o las golpizas. A veces, amarran las personas a los árboles, los someten a puñetazos en el estómago y los cortan con un machete en cada parte del cuerpo hasta descuartizarlos.

22. Encierro, golpizas y mutilaciones. En las fincas, a las víctimas se les encierra durante dos días en un cuarto oscuro, se golpea y se amarra a una camilla de médico. Según el proceso, aún con vida utilizan su cuerpo para ensayar procedimientos quirúrgicos con paramilitares que estaban aprendiendo primeros auxilios.

23. Violencia sexual y mordiscos: En Tarazá (Antioquia) a una mujer catalogada como "inmoral" por Luis Adrián Palacios, alias "Diomedes", la encerraron en un cuarto, la amarraron a una silla, la obligaron a practicarle sexo oral a varios paramilitares y luego le mutilaron los pezones a mordiscos. Como si ya no fuera tanto, para rematarla la empujaron desde un segundo piso.

24. Golpizas, quemaduras y mutilaciones: En la vereda El Rosario del municipio de Arauca, integrantes del Bloque Vencedores amarraron desnuda a un árbol a una presunta co-

laboradora de la guerrilla, le cortaron un seno y posteriormente le esparcieron en la cara y en las extremidades un spray con veneno para insectos, lo que le produjo graves quemaduras. En San Vicente de Chucurí (Santander), alias Walter ordenó torturar a un integrante de las autodefensas que dio información a las autoridades. Lo amarraron, le quitaron las uñas de las manos, le cortaron los dedos y lo quemaron con fuego. En otro caso, en La Palma (Cundinamarca), a un supuesto miembro de la guerrilla, alias Tumaco le puso un freno en la boca como el que se les pone a los caballos y, para rematarlo, con un cuchillo le cortó el cuello.

*25. **Golpizas, descargas eléctricas y mutilaciones:** En Puerto Boyacá los paramilitares persiguieron de manera sistemática a personas con orientaciones sexuales diversas. A una trabajadora sexual, señalada de estar "vagando siempre con gamines de la calle", hombres al mando de Juan Evangelista Cadena la amarraron, le introdujeron agujas en los dedos de la mano, la golpearon con una correa, le tocaron sus órganos sexuales, le propinaron descargas eléctricas y, finalmente, le dispararon en el sector conocido como Los Transmisores.*

*26. **Descargas eléctricas y quemaduras:** En la vereda Cantagallo de La Palma (Cundinamarca), hombres al mando de alias Tumaco amarraron a un presunto colaborador de la guerrilla, le conectaron cables en el pecho, lo electrocutaron, le esparcieron ácido por todo el cuerpo y cuando estaba agonizando, lo remataron con disparos. Sobre el cadáver pusieron el siguiente letrero: "Esto le pasó por sapo. Esto también para los que sigan colaborando con la guerrilla"* (Laverde, 2016, párr. 7-32)

El abogado estaba estupefacto y escucho a Mariela sin parpadear. Estaba asustado y temblaba con todo lo que ella le contaba. Nunca se imaginó, ni el peor escenario, que ese tipo de violencia existía en el mundo y que era perpetrada por seres humanos. Sin embargo, y pese a que quería ayudarla, no se podía hacer absolutamente nada. Iba a ser deportada. No había marcha atrás.

XXXIX. LA DEPORTACIÓN

Hablar de uno de los peores momentos en la vida de Mariela podría sonar como una cruel redundancia, ya que la mayor parte de su vida ahora estaba llena de momentos de frustración, tristeza, zozobra y dolor.

"Cada año, los tribunales de inmigración emiten decenas o hasta cientos de miles de órdenes de deportación (*final removal*). Las personas que han renunciado a su derecho de apelación o a quienes se les aplicó una orden de deportación automáticamente, a veces, no saben que han sido ordenados a abandonar el país. Solo saben que han perdido sus casos de deportación y cualquier proceso de apelación subsecuente.

A lo anterior se le suma la nueva orden ejecutiva del presidente Trump que incluye, en la categoría de prioridad, a los que simplemente han sido condenados por cualquier crimen, incluyendo ofensas menores. También se incluye personas que han sido acusados de cualquier crimen y personas que no han sido acusados, pero que han cometido actos que constituyen un acto criminal o que son considerados un riesgo a la seguridad pública o a la seguridad nacional por un oficial de inmigración, como lo es el caso de esta mujer víctima de las circunstancias implacables de la vida (Dukmasova, 2017).

Mariela no tuvo una salida voluntaria. Tenía una orden de deportación y fue capturada, siendo una diferencia importante. Los inmigrantes que estaban en libertad y pierden su juicio deben dejar el país, para lo cual está la opción de la salida voluntaria; es decir que el inmigrante se presenta, literalmente, con su equipaje en mano, ante las autoridades y gestiona su salida.

La salida voluntaria tiene el beneficio de que la persona no recibe una prohibición de retorno al país. Por el contrario, quienes estaban detenidos, al tener antecedentes negativos con la justicia, serán enviados de regreso a sus países de origen, pero no por ello el proceso es rápido.

Hay indocumentados que pueden pasar meses y, en casos excepcionales años, en un centro de detención a la espera de que su juicio de inmigración y apelaciones concluyan y se dé su salida del país.

Hay otros casos en los que el inmigrante viaja de un centro de detención a otro a lo largo de los Estados Unidos hasta llegar a uno en el que se concentran otros de su país y son reenviados en conjunto. Este fue el caso de Mariela, quien tuvo que esperar en ese centro de detención cuarenta y tres días, mientras se reunía un grupo numeroso de colombianos para poder ser enviados todos juntos a su Colombia natal.

El 4 de abril de 2018, fueron transportadas noventa y siete personas desde un aeropuerto local, donde los esperaba un avión con destino a un hangar especial en el aeropuerto El Dorado en Bogotá. Todos ellos colombianos que habían estado en diferentes centros de detención del país y que llegaron por coordinación de ICE hasta el mismo punto de salida para ser deportados al mismo tiempo.

Todos, incluyendo a Mariela Reyes, viajaban custodiados y esposados de manos y sin cordones en sus zapatos durante el trayecto. Durante el viaje no se escuchaba, sino el ruido de las turbinas del avión. Un sobrecargo les brindo agua y unas galletas, las cuales curiosamente quedaron en el mismo sitio donde las dejo el sobrecargo.

El aroma a dolor, la desesperanza, los sueños inalcanzados, el arrepentimiento y el haber dejado, en muchos casos, hijos, padres, familia y amigos en Estados Unidos, sin contar con las pérdidas materiales de años enteros de trabajo, eran algunos de los sentimientos y pensamientos que rodeaban a todas estas personas con una sola palabra al unísono: resignación.

Años atrás, ya había perdido a su esposo y a Ismael, y el hecho de haber vivido todas esas situaciones negativas en Estados Unidos, y de haber sido victimizada en todas las esferas de su vida, la hacían sentir miserable y acongojada. Mariela tenía miedo por su vida y por lo que pudiera pasar al llegar a Colombia. Ella no tenía a nadie que la esperara ni tampoco a nadie que supiera sobre su regreso, lo cual de una forma u otra le daba algo de paz, al llegar totalmente incógnita a su propio país.

Al llegar al aeropuerto El Dorado, todas las personas fueron ingresadas a un salón, donde estaba la cancillería y la policía nacional, quienes los recibieron con más gentileza y mejor trato del que muchos de esos colombianos habían recibido en meses o incluso años privados de la libertad fuera del pais.

Al salir del aeropuerto, llevaba una mochila pequeña, en la que llevaba sus elementos de aseo personal y que le había sido obsequiada por Obdulia en una de sus visitas al centro de ICE. Una vez en el mundo real de Bogotá, se desplazó hacia un hotel económico del centro de la ciudad, donde quería descansar, tomar un baño, comer como una persona normal y pensar que iba a hacer con su vida de ahora en adelante.

XL. Lo inevitable

El 5 de abril de 2018, en horas de la mañana, tomó un taxi al terminal de transportes de Bogotá y desde allí viajo a Apartadó (Antioquia), donde la esperaba la única familiar que tenía viva y a quien nunca había pedido ayuda. La señora Bertha Quintero Reyes, quien después de escuchar a Mariela la noche anterior por teléfono mientras estaba en el hotel, le ofreció su casa desinteresadamente para empezar de nuevo.

Estando allí, Mariela regresó al campo, con sus campesinos, las personas por las cuales siempre había luchado, situación que la hacía sonreír nuevamente y salvaguardar la fe que tanto esfuerzo le había costado mantener en pie por todas las calamidades que había vivido.

Lamentablemente, las fuerzas del mal y su sed de venganza, nunca dejan un "cabo sin atar" y "los de ruana" siempre pagarán las consecuencias de una lucha digna y trabajadora en un país como Colombia.

El *09 de abril de 2018,* curiosamente la misma fecha en la que murió el caudillo liberal Jorge Eliecer Gaitán, Mariela fue capturada, posteriormente torturada hasta la saciedad por grupos paramilitares y, por si fuera poco, después fue mojada con gasolina y quemada sin clemencia en un bosque cerca de Apartadó, departamento de Antioquia.

Con fecha *11 de abril de 2018,* la señora Bertha Quintero Reyes, quien recibió en su casa a Mariela después de ser deportada y conoció toda historia en detalle, fue amenazada de muerte por este mismo grupo paramilitar, por haberla auspiciado y ayudado en su casa.

Al igual que Mariela, Bertha, tenía por fortuna la visa para los Estados Unidos. Sin embargo, y con base en las experiencias vividas y contadas por Mariela, la señora Bertha es ahora solicitante de asilo político, quien voluntariamente decidió, con mucho dolor y lágrimas en sus ojos, documentar la historia de Mariela Reyes, ya que, de otra forma, hubiese sido imposible conocerla.

Paz en tu tumba Mariela. Que el Señor te bendiga a ti, a tu esposo y a tu hijo Ismael, donde quiera que se encuentren.

Y aunque si bien es cierto que "para la vida y la muerte todos somos iguales" tu hiciste la gran diferencia como ser humano, como lider y como mama.

Bibliografía

ARBOLEYA, J. (2017, March 22). *El racismo y la xenofobia en Estados Unidos*. Retrieved April 18, 2017.

ÁVILA, A. (2016). "El miedo en el cerebro humano". *Mente y Cerebro*, 50(78).

CHETTY, R. (2018). *Race and Economic Opportunity in the United States: An Intergenerational Perspective*. Retrieved April 17, 2018.

CLARÍN, El (2016, September 17). "Grupos de autodefensa campesina, el origen del movimiento". *La historia de las FARC*, 5-9.

CNN (2018, February 23). *Aumentan los grupos racistas en Estados Unidos: 66 están en la Florida*. Retrieved March 28, 2018.

DIAMANTINO, S. (2011). *¿El sueño americano, un mejor futuro? Quimera o realidad*. Bolivia.

DUKMASOVA, M. (2017, March 14). *Sobre el proceso de deportación*. Retrieved November 21, 2017, from *https://www.chicagoreader.com/Bleader/archives/2017/03/14/sobre-el-proceso-de-deportacion*

ESPECTADOR, El (2010, September 8). *ONU asegura que justicia colombiana "ha sido inoperante"*. Retrieved April 4, 2017.

GROSSMAN, S. (2015, January 9). *El tratamiento a veces vergonzoso en los aeropuertos de EEUU*. Diario "Las Americas". Retrieved February 02, 2018.

LASANTHA. (2015, June 5). *Conflicto Armado En Colombia*. Retrieved August 8, 2016, from *http://conflictoarmado-encolombiale.blogspot.com/*

LAVERDE, J. D. (2016, June 28). *Manual de tortura paramilitar*. "El Espectador". Retrieved July 23, 2017, from *https://www.elespectador.com/noticias/judicial/manual-de-tortura-paramilitar-articulo-640252*

MATTA COLORADO, N. (2017, October 23). *Las raíces del "Clan del Golfo" en Medellín*. Retrieved April 17, 2018.

MONSALVE, R. (2017, October 22). *En El Aro, el fantasma de la masacre aún espanta*. Retrieved March 01, 2018.

OEA (2007, February). *Octavo informe trimestral del Secretario General al Consejo Permanente sobre la Misión de Apoyo al Proceso de Paz en Colombia* (MAPP/OEA). Retrieved October 10, 2017, from *http://www.mapp-oea.org*

RETIS, J. (2015). *Los latinos y las industrias culturales en español en Estados Unidos*. Madrid, España. doi:ISSN: 1699-3504

RODRIGUEZ, M. (2017, March 17). *Causas de deportación frecuentes en Estados Unidos*. Retrieved January 15, 2018, from *https://www.thoughtco.com/causas-de-deportacion-frecuentes-estados-unidos-1965390*

ROSENBERG, E. (1983, March). *Reviews in American History. Spreading the American Dream: American Economic and Cultural Expansion*, 11(1), 124-128.

SOZA, M. (2015). *La responsabilidad internacional del Estado colombiano ante la Corte Interamericana de Derechos Hu-*

manos por la inoperancia de la justicia interna. Ciencia Y Poder Aereo, 10(1).

THOUMI, F. (2018, February 3). *'El sueño americano': Inalcanzable para algunos estadounidenses*. Retrieved February 8, 2018.

TOVAR MARTINEZ, E. (2013, September 7). "Lo que tiene en jaque al agro colombiano". Retrieved June 12, 2017, from *La concentración de la tierra, la violencia y el rezago tecnológico, entre los problemas del sector*.

U.S. Census Bureau. (2010). 2010 Census Interactive Population Search. Retrieved November 6, 2017, from *https://www.census.gov/2010census/popmap/ipmtext.php?fl=34*

U.S. Inmigration and customs enforcement. (2018, March 20). Enforcement and Removal Operations. Retrieved February 19, 2018, from *https://www.ice.gov/about*

ACERCA DEL AUTOR

Dr. William Douglas

Postdoctorado en Psicología de la Universidad de México, Doctor en Educación con especialidad en investigación socio jurídica emitido por la Universidad Internacional Iberoamericana de Puerto Rico, Doctor en Derecho otorgado por la Universidad de Baja California en México, Latin Legum Magister (*Cum Laude*) de California Western School en Estados Unidos, Magíster en Educación de Nova South Eastern University en Estados Unidos, Inmigration Law Specialist de University of Texas and Austin en Estados Unidos, estudios como paralegal en la University of Miami en los Estados Unidos, especialista en Derecho de Familia de la Universidad Católica de Colombia y abogado egresado de la misma *"alma mater"* en el año 2002.

Docente, escritor, conferencista en temas de inmigración, consultor empresarial, director de una organización para ayuda a asilados y refugiados en los Estados Unidos y el resto del mundo.

En 2014 publicó su primer libro, *Mito y realidad: Sobre el asilo político y el refugio en los Estados Unidos*, en este mismo sello editorial.

Website:

www.retime.org

Email:

Spheregroup@usa.com,

retimeusa@gmail.com

Índice

www.ingramcontent.com/pod-product-compliance
Lightning Source LLC
Chambersburg PA
CBHW052141270326
41930CB00012B/2969